人生が変わる
台所道具

私を助ける小さな働きもの

本多さおり
後藤由紀子
今井真実
コウケンテツ
按田優子
おさだゆかり

家の光協会

はじめに

台所道具には、その道具を使う人ならではのストーリーがあります。
なぜ、そのタイミングでこの道具を買ったのか、
買ってからどんな料理を作り、どのように使っているのか、
なぜ、結果的に長く使い、手放せない道具になったのか。
そこには、その人だけの理由があります。

この本を作る際、
「大げさですが……あなたの人生を変えた台所道具を教えてください」
というお題で、6人の方に愛用の台所道具を挙げてもらいました。
そして、道具のお話を聞くうちに、
道具の背景にある、料理や暮らしのことが見えてきました。
日々のストレスや忙しさを、少しでも解消したい。
毎日続くごはん作りを、きげんよく楽しみたい。
大好きな料理を、とびきりおいしく作りたい。

そのために、道具が一役かってくれて、
自分を助けてくれる小さな相棒になります。

ここで紹介している道具たちは、
長く使っているものが多いため、同じものが手に入りにくかったり、
デザインや仕様が変わったりしているものもあります。
ただ、道具によっては、まったく同じものを持つ必要はなく、
似たような目的のものや、家にあるなにかで代用することもできます。
6人6様のストーリーを読みながら、
ご自身のライフスタイルに合うものを探してみてください。

この本の目的は、「料理をもっと楽しむ」ことです。
働きものの道具とともに、台所時間を充実させてみませんか？

本多さおりさん 8

料理が苦手でストレスの元。
だから、便利な道具や家電に
思いっきり頼ります。

12 料理が苦痛な私を救ってくれた **ホットクック**

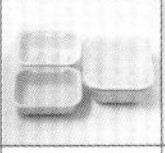
16 とにかく万能！ 収納もしやすい **コランダー&バット レクタングル**

20 これぞ、求めていた形とサイズ **ティファールのマルチポット**

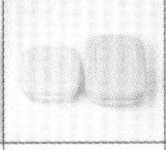
22 6個あるけどまだほしい **極《きわみ》 冷凍ごはん容器**

24 ルックスだけじゃない。実用面も優れもの **キャスター付きオバケツ**

26 ないとやっぱり家事が回らない **ラバーゼの水切りかご**

27 10年たっても切れ味変わらず **オクソーのY型ピーラー**

28 見るたびに素敵と思えるデザイン **アコメヤの米びつ**

29 冷蔵庫の保存容器はこれで統一 **イワキのガラス保存容器**

後藤由紀子さん 30

いつもごきげんでいられるのは
働きものの道具のおかげ。
私をやる気にさせてくれます。

34 調理にも、保存にも。使わない日はない！ **ジップロック®コンテナー**

38 ふたり分の料理にちょうどいい **蓋付き両手鍋**

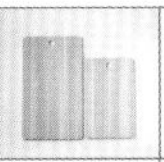
40 薄くて軽いから動かしやすい **ひのきのまな板**

42 栄養を逃がさずおいしくいただける **照宝のせいろ**

44 いつもの味を、簡単に安全に **クッキングプロ**

48 軽くて丈夫。火にもかけられる **マッコリカップ**

49 絶妙なしなり具合です **竹のトング**

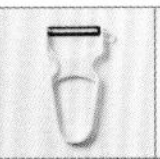
50 皮むきといえば、こちら **リッターのピーラー**

51 ハンドルを引くだけでラクラク **みじん切りカッター**

今井真実さん　52

気に入った道具が与えてくれる
小さなときめきや、幸福感。
その積み重ねが、大きな満足に。

56　ステーキの焼きあがりはピカイチ
バッラリーニのフライパン

60　火からおろしたら、余熱で保温調理できる
シャトルシェフ

64　軽くて見た目もよし。鍋料理が楽しくなる
ステンレス卓上鍋

66　フライパンに直接すりおろせる
ちょこっとミニおろし

68　工芸品としての美しさに目を奪われた
関《せき》孫《まご》六《ろく》　要《かなめ》の包丁

70　小回りがきくので活用度が高い
無印良品のジャムスプーン

71　小さじ¼まで量れる
貝印の計量スプーン

72　これで焼いたパンはこんがり、絶品！
辻《つじ》和《わ》金網《かなあみ》の焼き網

73　2種類のタイプを使い分ける
キッチンタイマー

コウケンテツさん　74

料理は、道具との共同作業。
自分を助けてくれる
心強さと安心感があります。

78　料理の下ごしらえには欠かせない
マッコリカップ

80　軽くてサイズが豊富なので、使い勝手がいい
アルミトレイ

84　極上の肉料理のための、スペシャルアイテム！
バーミキュラのフライパン

86　包丁よりも小回りがきき、軽やかに切れる
ツヴィリングの料理ばさみ

90　小さなフライ返しとしても使える
スッカラ

92　洗うほどに、くったりとして手になじむ
リベコのキッチンクロス

93　いい包丁を持つと背筋が伸びる
小山刃物の包丁

94　細さといい、長さといい、絶妙なサイズ感
中川政七商店の菜箸

95　たれを混ぜるには小さめがベスト
ミニサイズのゴムべら

96 按田優子さん

自然素材だけでできている道具はいつまでたっても丈夫なままで、結果的に長く使えるんです。

100 ガラスの耐熱鍋
鍋中が見えるから便利。オーブンにも使える

104 薄っぺらいしゃもじ
しなりがよく、ゴムべらのように使える

106 素焼きの鍋
常温保存でもおいしさ長持ち

110 深型のせいろ
マグカップごと入れられる

112 鉄のフライパン
実家でもずっと使っていた40年もの

114 低温乾燥のまな板
木のエネルギーが残っている

115 大きい盤台
バット代わりに、何にでも使える

116 餡べら
こそげ取るにはこれが一番！

117 ヒートシーラー
密封パックがすぐできる

118 おさだゆかりさん

おさだゆかりさんが案内する
北欧ヴィンテージ台所道具

122 フィーカのテーブル

126 ランチのテーブル

130 お茶の道具いろいろ

132 鍋いろいろ

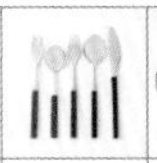
134 カトラリーいろいろ

136 ガラスいろいろ

138 木のアイテムいろいろ

コラム

思い出の道具とエピソード

140 子どもの食事には必需品の**トレイ** 本多さおりさん

140 嫁入り道具の**南部鉄瓶** 後藤由紀子さん

141 新婚旅行で購入した**有次の包丁** 後藤由紀子さん

141 ホットプレートの付属品だった**へら** 今井真実さん

142 やたらと柄の長い**木べら** コウケンテツさん

142 爆安屋で見つけた**レトロな鍋** 按田優子さん

143 一目惚れした木工作家の**プレートスタンド** おさだゆかりさん

143 初めての北欧旅で見つけた**かご** おさだゆかりさん

本書について

＊レシピについて、大さじ1は15㎖、小さじ1は5㎖、1カップは200㎖です。

＊本書で紹介している道具は、現在は取り扱いがないものや、デザインや仕様が変更されているものもあります。サイズについても現行品とは異なる場合があります。

料理が苦手でストレスの元。だから、便利な道具や家電に思いっきり頼ります。

本多さおりさん

だれもが料理上手ではないし、楽しめているわけではありません。

ただ、それでも料理をしなくてはならない環境にあるのなら、「きらい」の理由を明確にすると、必要な道具が見えてきます。

毎日、とびきりおいしいものを食べなくたっていい。

作る人が追い詰められることなく、食卓を囲めればいい。

そのくらいの気持ちで、料理をしても十分だと思うのです。

PROFILE

ほんだ・さおり

整理収納コンサルタント。20代半ば、ずっと好きだった〝片付け〟が仕事になりうることに気づく。２０１１年整理収納コンサルタントの資格を取得。暮らしをらくに回すための工夫を凝らしたアドバイスが人気を集める。２０２０年に中古のマンションを購入し、家族４人が暮らしやすい家を目指してフルリノベーション。現在も、日々〝らく〟に向かって空間を進化させている。
https://hondasaori.com/

「家事をらくにするには、いかに“歩数”をかけないかが重要」と本多さん。特に料理は作業工程が多く、少しの違和感が大きなストレスになる。自分の動き方を何度も確認し、ものの置き場を決める。

右上／カトラリーは引き出しに。斜めに差し込むように収納すると取り出しやすい。右下／手に取る機会の多いツールは、出しっぱなし。ツール立ては重みのあるものを選べば、柄の長いものでも倒れない。中央／吊り下げ収納も活用。乾かしておきたいもの、濡らしたくないものはできるだけ上へ。左／リビングからの景色。こまごましたものは見えないようにレイアウト。

考えること、迷うこと。それを取り除ける道具がほしかった

料理のどこがきらいなのか？　その答えは、「考える工程がいやだから」に尽きるのです。

「まず、何を作るかということから始まり、それに必要なものを考える。メインをようやく決めたと思ったら、それに合う副菜をまた考えて。料理って、とにかく考えては選択する、の繰り返し。好きな人からすれば、それも楽しみのひとつだとはわかるんですが、私にとっては、苦痛でしかなかったんです」

ストレスのピークは、息子さんたちが3歳と1歳の頃。近所のママ友が家事代行サービスを利用していると聞いて、ぐらりと心が揺れました。

「私もいっそ、プロに助けてもらおうか……そう考えていたときに、テレビ番組でホットクックを活用しているシーンを見たんです。素材を指示された通りに量って、切って入れて、スイッチを押せばいい。味つけに悩んだり、鍋の中を見て、火加減を判断しなくていい。求めていたのはまさにこれだ！と思いました」

本多さんの職業は、整理収納コンサルタント。困りごとの原因をひとつひとつ的確に見つけ出し、対処することで全体の解決に持っていくのが原則です。まず、最大のやっかいごとだった〝考える〟は、材料を切る以外の作業一切をまかせられるホットクックでほぼクリア。残る課題は、得意分野である〝ものの見極め〟によって、ストレスを大きく減らすことに成功。

「私のもの選びの条件はシンプルで、とにかくらくをしたいという一点なんです。よく、『すっきりした台所ですね』と言っていただくのですが、私自身は、すっきりさせよう、ものを減らそうと意識しているわけではないんですね。空間が整っている状態は、単純に結果でしかないんです。苦手だからこそ、少しでもそこに時間をかけずに済むように、考えなくても、迷わなくてもいいようにしてあるだけ。ものを新しく取り入れるにしても、手放すにしても、理由をいま一度、よく考えてみる。一体、自分を悩ませている煩わしさの原因はなんなのか？　そこをよく見つめてみることが、自分にとって本当に必要な、人生を変えるような道具を見つける大きな手掛かりになると思っています」

KITCHEN TOOLS

1

料理が苦痛な私を救ってくれた

ホットクック

今や、本多家の食卓を一手に支える存在。

「子どもたちがもっと小さい頃、『そんなにごはん作りが大変なら、外食が続いてもいいんじゃない？』と言われたこともありました。でも、大騒ぎする子どもふたりを大人ひとりで店まで連れていき、人目を気にしながら席につかせてごはんを食べさせる……それをやり遂げる方が、ずっと疲れるんですよ。結局、家で食べる方がストレスが少ないんです」

指示された通りに切って、入れて、スイッチを押す。その間に副菜のサラダを作ったり、ほかの家事をしたり、子どもをお風呂に入れたり。

「最初はいろいろ作ったけれど、今はほぼ、カレー、ミートソース、炊き込みごはん系をルーティンで。ポタージュは大量に作っておいて冷凍ストック。家族が気に入っているなら、日々のごはんなんて同じような繰り返しで構わないんです。あとは蒸し料理。この前、大豆を蒸したらとてもおいしくて。ホットクックがなかったら、私の人生で豆を蒸すなんて、絶対なかったと思うんですよね」

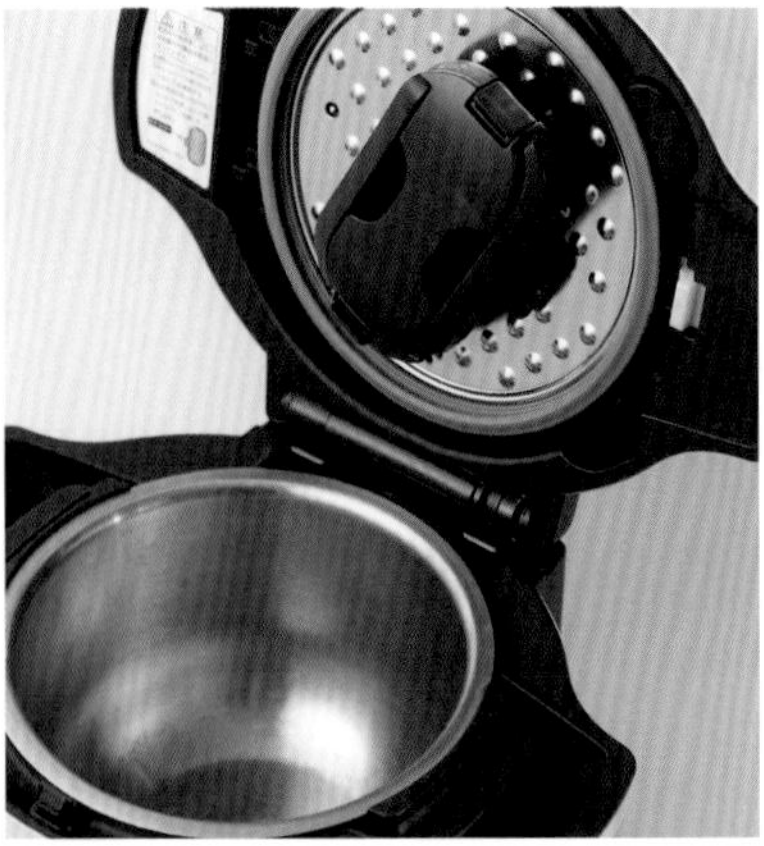

DATA

商品名	ヘルシオ ホットクック
メーカー名	シャープ
サイズ	幅39.5×奥行30.5×高さ24.9㎝（容量2.4ℓ、重さ6.5kg）
使用年数	約5年

献立、かき混ぜ、火加減、すべておまかせの自動調理鍋。留守中におかずが完成している予約調理も便利。

＊写真の商品は販売終了。最新機種はKN-HW24G。

HEALSIO
聞いて
保温
とりけし
予約
SHARP

使い方

●ミートソーススパゲッティを作る

指示された通りの分量の材料を用意し、刻む。鍋の中にどんどん入れていけばOK。

「私は、みじん切りなどの“切る”作業は苦にならないんです。淡々と手を動かせばいいので。そういうタイプに、ホットクックはおすすめ」。今日はひき肉の代わりに、常備している大豆ミートを使用。ほかにも、玉ねぎ、にんじん、トマトソースと家にある材料でできるメニュー。

材料をすべて入れ、メニューを選んでスイッチを押したら完了。「火の調節はもちろん、途中のかき混ぜもホットクックが勝手にやってくれます。基本は無水調理なので、栄養も逃げません」。

スイッチを入れて30分ほどで、ミートソースが完成。むらなく熱が入り、素材が芯までやわらか。

●2台並べてコンパクトに収納

便利さに感動して2台目も購入。「忙しい知人には、『とにかく使ってみて!』と1台貸し出すことも」。周りも、次々とホットクックファンに。

保温機能もあるので、それぞれの帰宅時間に合わせて、温め直しの手間なく食べられる。

KITCHEN TOOLS

2

とにかく万能！ 収納もしやすい

コランダー＆バット レクタングル

以前のマンションは台所が狭く、ボウルの大きさがだんだんと負担に。そんなとき、ふらっと入ったお店で出合ってしまったのです。

「ボウルって丸いから、収納でデッドスペースができる。これは四角いから、まずその問題がクリアに。さらに、バットにもなり、ざるにもなる。しかも、ステンレスじゃないから、レンジにもかけられる。私が日頃考えていた、あらゆる『こうだったらいいのに』を満たしていたんです」

衝動買いはよくないぞ、と頭を冷やしがてら店を1周。「それでもやっぱり」と即日購入です。買ってみたら、予想以上の働きぶり。もうこれなしではいられず、まもなくサイズ違いを買い足しました。その後、暮らしまわりのものを販売するイベントに出品したら、爆発的にヒット。

「縦横を互い違いにのせれば、下ごしらえしたものを上へ上へと積み重ねられます。すっきりと、場所を取らないのがいいんですよね。調理のイライラって、雑然とした視界からくることも多い。そこを解決すると、ストレスも減る気がします」

料理の下ごしらえに活躍するだけでなく、レンジを使った蒸し料理にも。抗菌加工あり。食洗機対応。

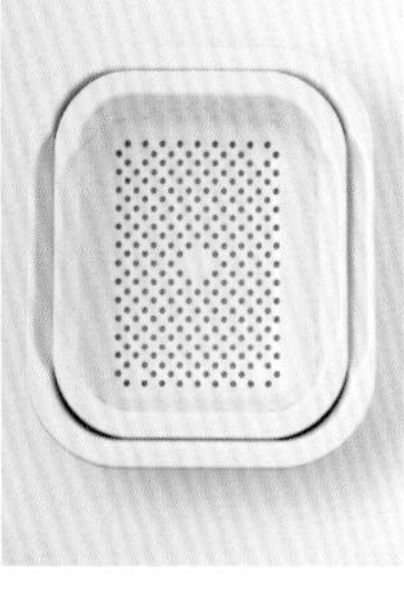

DATA

商品名	コランダー＆バット レクタングル フタ付
メーカー名	リッチェル
サイズ	（M）幅21×奥行17.5×高さ7.5cm（容量1.3ℓ） （L）幅24.5×奥行21×高さ9cm（容量2.4ℓ）
素材	ポリプロピレン
使用年数	約4年

●湯切りのざるに

コランダーとバットがずれないよう、小さな突起がついているので安心。

●豆腐の水切りに

交差させるように重ねれば、高さが出るので豆腐の水切りに便利。

●パンケーキの生地を混ぜる

ボウルは“丸形”でなくても。大急ぎで作る朝食に、このサイズ感が便利。

●枝豆をレンチン

野菜を洗い、残った水気を利用してレンジ蒸し。お湯を沸かす手間をカット。

四角い形でデッドスペースなし。それぞれに切り込みが入っているため、大小サイズが安定して重なる。引き出しの中でずれることもない。

KITCHEN TOOLS

3

これぞ、求めていた形とサイズ

ティファールのマルチポット

それまで使っていた小鍋は、ちょっとしたことが不満でした。微妙に足りない容量と焦げつき、その上、ハンドルもやけに長いので、コンロの上で邪魔になっていました。その不満を一気に解決してくれたのがこちらです。

「まず、ハンドルの角度がいい。邪魔にならない上にすごく持ちやすいんです。注ぎ口がついていて、やかんのようにも使えるし、ティファールだけあって、コーティングもしっかりしていて焦げつきにくい。見た目以上に容量があるので、パスタもゆでられるんです」

おもな調理はホットクックで済ませるので、鍋に期待するのは取りまわしやすいサブ的な役割。このポットは、まさに必要十分な、かゆいところに手が届く道具なのです。

DATA

商品名	オプティスペースIHステンレスマルチポット チャコールグレー16㎝
メーカー名	ティファール
サイズ	直径17.4（全長27.4）×高さ（蓋含む）13.6㎝（容量2.6ℓ）
素材	ステンレス鋼（本体）ほか
使用年数	約1年

ゆでる、炒める、揚げるをこれひとつで。予熱完了を知らせるマークで、調理のベストタイミングを逃さない。

使い方

●スパゲッティをゆでる

熱伝導率が高く、お湯がすぐ沸くのもうれしい。「ハンドルの角度が絶妙で、湯を切るのもスムーズです」。p.14で作ったミートソースをかけて。

●春雨スープを作る

「朝食の定番である春雨スープ作りは、夫が担当してくれます」。本多家のインテリアに合うモノトーンであることも、購入を決めた理由のひとつ。

KITCHEN TOOLS 4

極《きわみ》 冷凍ごはん容器

6個あるけどまだほしい

わざわざ専用のものを持たなくても、と思っていました。〝ひとつしか用途のないもの〟には、あまり興味を引かれないのです。ところが知り合いから強く薦められ……。

「もともと、こちらのメーカーは信頼できると思ってはいたんです。ものは試しと使ってみたら、手放せなくなりました」

解凍したごはんの、味わいが段違い。秘密は余分な水分を下に落とす〝すのこ〟にあり。

「最初に2個セットを買い、2回買い足して6個ありますが、まだ足りない。大盛りタイプが出たと知り、それも買いました。白ごはんだと思って解凍したら、炊き込みごはんだった！なんて失敗もあるので、中身がわかる〝クリアタイプ〟もほしくなっています」

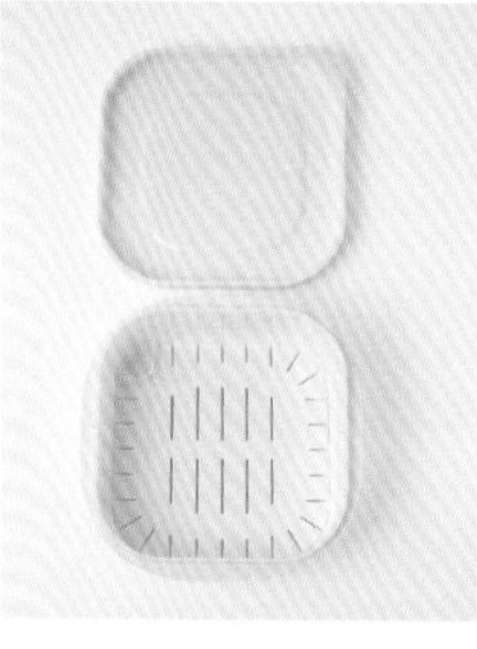

DATA

商品名	極 冷凍ごはん容器
メーカー名	マーナ
サイズ	（1膳用）幅12.1×奥行12.1×高さ4.6㎝（容量280㎖） （大）幅16.5×奥行11.4×高さ4.6㎝（容量390㎖）
素材	ポリプロピレン
使用年数	約2年

お米マイスターの徳永真悟氏との共同企画。冷凍ごはんが、まるで炊き立てのようなおいしさに。食洗機対応。

使い方

温かいごはんを入れて冷凍。食べるときは、蓋をしたまま500Wの電子レンジで3分30秒ほど解凍。熱がむらなく入り、ふっくらと、それでいて粒立ちのはっきりしたおいしさを味わえる。

冷凍庫の中でも、デッドスペースはできるだけ避けたい。丸形が多いごはん用保存容器には珍しく、ほぼ四角いのもお気に入りポイント。

KITCHEN TOOLS

5

ルックスだけじゃない。実用面も優れもの

キャスター付きオバケツ

ごみ箱ごと〝収納〟してしまう人もいるけれど、使い勝手を考えるなら、出しっぱなしの方がいい。けれどなかなか、部屋に置いてさまになるごみ箱は見つからないのです。

「実はこれ、義理の姉のところで使っているのをずっと見ていたんです。屋外で10年以上使っているのに、さびが出ないほど丈夫。そんな信頼感もあって、この家に引っ越すタイミングで導入しました」

以前のごみ箱はペダル式だったので、ちょっと不便になるかな?と思いきや、使い勝手はそんなに変わりません。キャスター付きで、移動が簡単なのも実に便利。蓋の引っ掛けラックやごみ袋を見せない工夫など、おおらかに見えて小ワザがきいているのも最高です。

DATA

商品名	OBAKETSU®（オバケツ）
メーカー名	渡辺金属工業
サイズ	口径35.5×高さ58.5㎝（容量42ℓ） ＊キャスター込み
素材	トタン（亜鉛メッキ鋼板）
使用年数	約4年

トタン素材はにおい漏れも少ない。外からごみ袋が見えないホルダーは別売り。キャスターなしタイプもあり。

使い方

野菜の皮むきは、少量ならこのごみ箱の上で済ませてしまう。蓋の裏にフックがついているので、作業中はバケツの縁に引っ掛けられるのがいい。

●ごみ袋が外に出ない設計

バケツの外側にごみ袋がはみ出していると、“いかにもごみ箱!”の風情が出てしまう。人の目に触れるダイニングに置くから、この設計はありがたい。

●丸形はごみが入れやすい

360度どの方向からも捨てられる。「長方形だったりすると、やはりある方向からだとごみがこぼれやすくなります。公共のごみ箱に丸形が多いのも納得です」。

●道具入れとしても活用

オバケツはごみ箱ではなく、あくまで“バケツ”。キャスター付きの収納アイテムとしても大活躍する。水にも強く丈夫なので、傘やアウトドア用品を入れて。

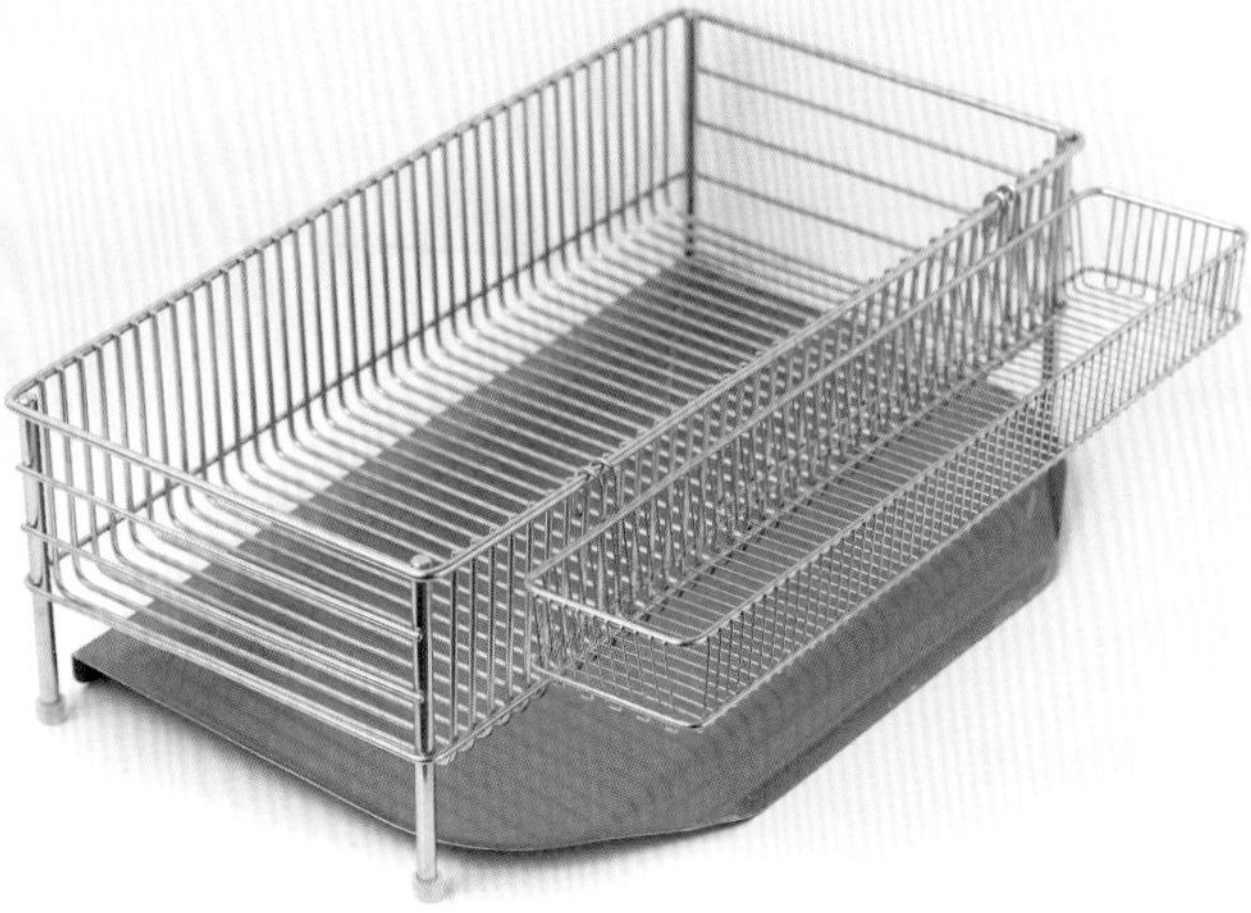

KITCHEN TOOLS

6

ないとやっぱり家事が回らない

ラバーゼの水切りかご

以前、あまりに台所が小さく、少しでも作業スペースを広げるために手放した水切りかご。今の家では食洗機も導入したことだし、とりあえずシンクに渡すタイプの小さなもので構わないと思っていたのですが……。

「台所が広くなった分、夫も積極的に家事に参加するようになって。『水切りかご、小さすぎない？』と指摘されたんです」

やはり、ある程度大きい水切りかごは必要だと再認識。かつて手放したものと同じ、こちらを導入しました。

「一時期、〝手放した方がいいもの〟の代表みたいに言われていたアイテムですが、私には必要なものでした。何を手放すか、そして残すかは、その家ごとにまちまちなんですね」

DATA

商品名	la base（ラバーゼ）水切りかごスリム（縦置きタイプ）3点セット
販売元	和平フレイズ
サイズ	幅約45×奥行約30×高さ約14㎝
素材	18-8ステンレス（本体）ほか
使用年数	約4年

さびに強い18-8ステンレス素材。かごの底に溶接部分がないので、汚れがたまりにくく、清潔を保ちやすい形状。

KITCHEN TOOLS

7

オクソーのY型ピーラー

10年たっても切れ味変わらず

1990年、より多くの人にとって使いやすい、ユニバーサルデザインの理念のもとに創業したオクソー。ロングセラーのピーラーは、ほどよくやわらかなエラストマー製のハンドルが手にフィット。力を入れなくても、するすると皮がむけます。側面のフィン（ギザギザ）が指の力を吸収してくれるので、長く使っても手が痛くなりにくいのも優秀。「学生時代にバイトしていたカフェで出合ってから、ピーラーはこれ1本。10年前から愛用していますが、切れ味が落ちません」

調理中は何かと手に取る道具だから、取り戻しはワンアクションで。スチール製の包丁立ての側面に100円ショップの強力マグネットを貼り、刃をペタッとくっつけます。

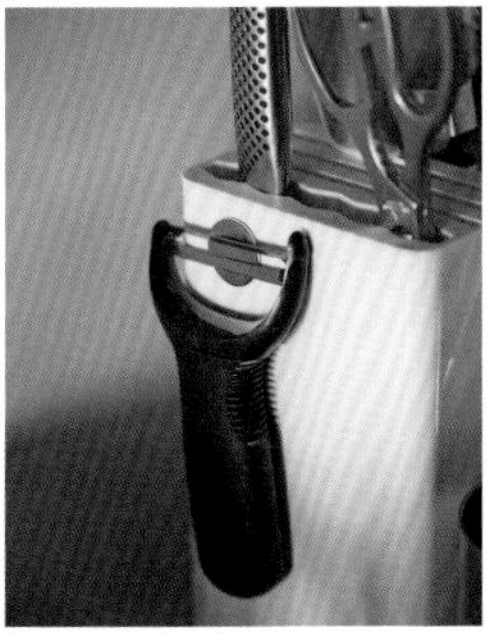

DATA

商品名	Y型ピーラー
メーカー名	OXO（オクソー）
サイズ	長さ13×幅7×厚さ3㎝
素材	ステンレス鋼（刃）、ABS樹脂／ポリプロピレン（本体）ほか
使用年数	約10年

切れ味のよい刃は、ステンレススチール製。刃幅が広いので、皮むきだけでなく素材をごく薄切りにしたいときにも便利。食洗機（低温設定のみ）対応。

KITCHEN TOOLS
8

アコメヤの米びつ

見るたびに素敵と思えるデザイン

お米を中心としたライフスタイルショップ「アコメヤ トウキョウ」が近所にオープンしてから、店内をのぞく機会が自然と増えました。こちらも、そんな普段の買い物で見つけたもののひとつ。

「米びつはコンロ後ろのオープン棚に置こうと思っていたので、目にするたびに『素敵だな』と思えるデザインのものを選びたかったんです。もちろん、機能性が最優先ですが」

素材は、防腐・防虫効果があることで知られる桐。米の保存に湿度は大敵ですが、調湿効果もあります。金具を一切使わず作られているのも、万が一のさびなどがお米につく心配がないので安心。蓋がスライド式なのも、実に使いやすいのです。

DATA

商品名	スライド米びつ
メーカー名	AKOMEYA TOKYO／増田桐箱店
サイズ	幅19.5×奥行27.5×高さ21.5㎝（容量5kg）
素材	桐、チェリー（ハンドル部）
使用年数	約3年

昭和4年創業の福岡の老舗「増田桐箱店」と「アコメヤ トウキョウ」がコラボレーション。お米をよりおいしく保存できると評判で、高い人気を誇っている。

KITCHEN TOOLS

9

冷蔵庫の保存容器はこれで統一

イワキのガラス保存容器

この容器を知ってから、プラスチック製の保存容器は手放しました。耐熱ガラス製なので、レンジはもちろん、蓋を外せばオーブンにも使えます。しかも、冷蔵はもちろん、冷凍保存にも対応。

「色やにおいがつきにくいから、長く使い続けられます。厚めのガラスなので、よほどのことがないと割れませんしね。食洗機にかけたときに、カラッと乾くのも気持ちいいんです。プラだとどうしても、脂のぬるっとした感じが落としきれないのが気になっていて」

中身がはっきり見えるのも、冷蔵庫の中での食べ忘れ、使い忘れを防ぐのに役立ちます。

「蓋の色はバリエーションがありますが、私はすっきりと見える白を選んでいます」

＊写真の容器は現在販売終了。デザインを変更した商品あり。

DATA

商品名	Newパック＆レンジ
メーカー名	iwaki（イワキ）
サイズ	（浅型）幅13×奥行12.8×高さ5.5㎝ （深型）幅13×奥行12.8×高さ6.5㎝
素材	耐熱ガラス（本体）、ポリプロピレン（蓋）
使用年数	約8年

30年以上愛されるロングセラー。保存容器、レンジやオーブンに使える調理道具、食卓に出せる器の3役をこなす。

いつもごきげんでいられるのは
働きものの道具のおかげ。
私をやる気にさせてくれます。

後藤由紀子さん

年を重ねれば、家族の形は変わります。
子どもたちが独立し、夫婦ふたり暮らし。
作りおきは少なくなり、鍋もボウルも軽くなりました。
日々使う道具は、できるだけ手軽に買えるもの。
「これでなければ」の強いこだわりは持たず、
選べる中から最良を選ぶ。そのくらいの気楽さです。

PROFILE

ごとう・ゆきこ
高校卒業後、上京。働きながらファッションとスタイリングを専門学校で学んだのち、人気雑貨店に勤務。20代半ばで地元の静岡に戻り、2003年、子育てをしながら器や生活道具の店「hal」をオープン。2007年、ファッション誌の表紙を飾り、その着こなしと背伸びをしない発言や人柄が一躍人気に。暮らしに関する著書多数。日々の暮らしを発信するインスタグラム（@gotoyukikodesu）も好評。

半年前に導入した食洗機。そもそも、食器洗いは夫の役目。「60歳近い年齢で、外で働いて帰ってきた後、器を手洗いするのが大変そうで。食洗機は夫孝行の意味もあります。お互い、いたわり合いで」。

右／調理台の後ろには日常使いの器を。中央右／菜箸は次々と取り換えて料理したいタイプ。愛用は「有次」のもの。盛りつけ箸としても使う。中央左／台所は玄関脇。「子どもたちが小さかった頃、夕飯の支度をしながら、『おかえり〜』と顔を見て声をかけられるのがよかったですね」。左／よく使うものは引っ掛け収納。シンク近くで水気も自然に切れる。

好きなものを、作って食べる。その日常が変わらぬように

ふたたび、夫婦ふたりの暮らしになって1年ほど。お子さんたちが独立し、家の中はすっかり静かになりました。一方、台所に関しては、新顔がいくつか仲間入り。ご自身の言葉を借りれば、「文明の力を頼って」様子が変わってきているのです。食洗機、電気圧力鍋、そして、ちょっと文明とは離れるかもしれませんが、手動のみじん切りカッター。このところ導入したものはほぼ、〝手間の外注〟といえるもの。思えばターニングポイントは、体力の衰えを感じ始めた50歳を迎えた頃。

「今まで使っていたボウルや鍋が重いと感じるようになり、道具に〝軽さ〟を求めるようになりました。それまでは、たくさん作りおきをして、朝はお弁当を4個作るような生活で。子どもたちも大学を卒業したり、成人を迎えたりの時期に入っていましたし、もうむりはしない方がいいと悟りました。そこで、これまで使っていた道具をいったん見直して、その時の家族の形に合うものを取り入れることにしたんです」

静岡県沼津市で、器と生活道具の店を営む後藤さん。お店で扱うものの基準は「適正価格」。その上で、自分で使ってみて、厳しい目で見て「これは使える」と思ったものしか並べません。職業柄、〝暮らしにとても手をかける人〟の印象を持たれることも多いのですが、ご本人曰く、梅仕事もしないし、ぬか漬けも仕込まない。「丁寧かと言われると、自信はないですね」と笑います。ただ、心がけていたいのは、ずっとごきげんであること。むりをして気持ちがささくれ立つよりも、手放せることは手放したい。人まかせは気が引けるタイプだけれど、機械相手なら、その点も気軽です。

「衣食住で、食べることは一番好き。家事の中でも料理が一番。それでも、疲れているときや陽気次第で、やる気が起きないこともあります。ただ、頼れる台所道具があれば、『まあ、やれるかな』と思える。実は、昔も今も、作る料理はそんなに変わってはいないんです。使う道具が少し、変わっただけ。時間や手間を減らして、自分のきげんをとりながら、好きなものを作って食べる。ただそれを続けていけるように、これからの私は台所道具を選んでいくのだと思います」

KITCHEN TOOLS

1

調理にも、保存にも。使わない日はない!

ジップロック®コンテナー

ここまで使うようになったきっかけ。それはある日、いつも使っているステンレスのボウルを「重い」と感じたこと。そこで、いつもは保存容器に使っているこちらを、ボウル代わりに使ってみたら、驚くほど便利。「ナムルなどを作りおきするときは、ボウルで和えて保存容器に入れますよね。よく考えたら、保存容器の中で和えれば、工程も、さらに洗い物もひとつ減るんです」

意外な使い方としては、卵焼き作り。不思議なほど液だれしないので、ストレスなく焼けるのがいいのです。

「ボウルとして使えるほか、四角いからバットとしても使えますし、電子レンジにかけられるから、加熱調理の道具としても使えます。わが家の台所は西日が当たるので、とくに暑い夏場は、レンジ調理できることがとても助かるんです」

もちろん保存にも使うから、今では増えに増えて、ラックの一角が〝ジップロックコーナー〟になっています。

DATA

商品名	ジップロック®コンテナー・スクリューロック®
メーカー名	旭化成ホームプロダクツ
サイズ	商品によってサイズはさまざま
素材	ポリプロピレン
使用年数	約5年

冷凍保存から、蓋ごとレンジ加熱(蓋は閉めずにずらす)までOK。異なるサイズ同士でもきっちりスタッキングできるので省スペース。

使い方

●鶏のから揚げを作る

浅めのタイプに、カットした鶏もも肉１枚（250g）を入れ、酒、しょうゆ各大さじ2、しょうがはチューブを3cm分、焼肉のたれ大さじ１をもみ込む。蓋をしてそのまま冷蔵庫へ。ラップは必要なく、ちょっとエコなのもいいところ。

いつも使う相棒だから、すぐ手に取れる場所に。用途に合わせてさまざまなサイズをそろえている。

二度揚げするのが
ポイントです

から揚げはフライパンを使うと手軽で、少なめの油でもおいしく揚げられる。鶏肉に片栗粉をまぶしてから、熱した油に入れ、色がついてきたらいったん引き上げ、二度揚げするとカリッと揚がる。

甘酢をかけて完成

「から揚げに甘酢だれをかけるとさっぱり食べられます」。甘酢は、酢・しょうゆ各大さじ2、みりん・砂糖各大さじ1、しょうがすりおろし少々をマッコリカップに入れ、加熱して砂糖が溶けたら完成。

●もちろん保存容器にも

中が見えるのが、やはり便利。「浅めのタイプを2個重ねると、冷蔵庫の棚の高さにぴったりなのもいいんです」。

●ナムルを和える容器に

副菜としてよく作るナムル。ほうれん草としめじをジップロックに入れてレンチンし、塩、ごま油で和える。さらにちぎった韓国のり、すりごまを混ぜる。

KITCHEN TOOLS 2

蓋付き両手鍋

ふたり分の料理にちょうどいい

子どもたちが独立したばかりの頃は、つい長年の習慣で、料理を作りすぎてしまっていたという後藤さん。同じものを3日も続けて食べながら、その理由を考えてみました。はたと思い当たった結論は、「鍋が、大きすぎる！」。今までと同じサイズを使っていると、気をつけているつもりでも、つい手が勝手に、〝いつもの分量〟で料理してしまうのです。

そこで手に入れたのが、小ぶりな両手鍋。これが、ふたり分の料理にちょうどよく、かぼちゃ¼個を煮るなど、野菜を少量だけ食べたいときにも活躍。鍋のサイズが小さければ、材料を入れすぎることもありません。

「作りながら、『少ないなあ』と思うんですが、これが、今の私たちの適量なんですね」

DATA

商品名	アルマイト両手鍋
販売元	松野屋
サイズ	直径14（持ち手含まず）×高さ8cm（容量1ℓ）
素材	アルマイト
使用年数	約1年

軽くて丈夫なアルマイト。懐かしさを感じさせるデザインも◎。韓国製。「hal」で取り扱いあり。

使い方

毎日のごはんに欠かせないみそ汁も、最近はこのお鍋で。小さいながら絶妙な深さで、みそ漉しもむりなく入り、作業しやすい。

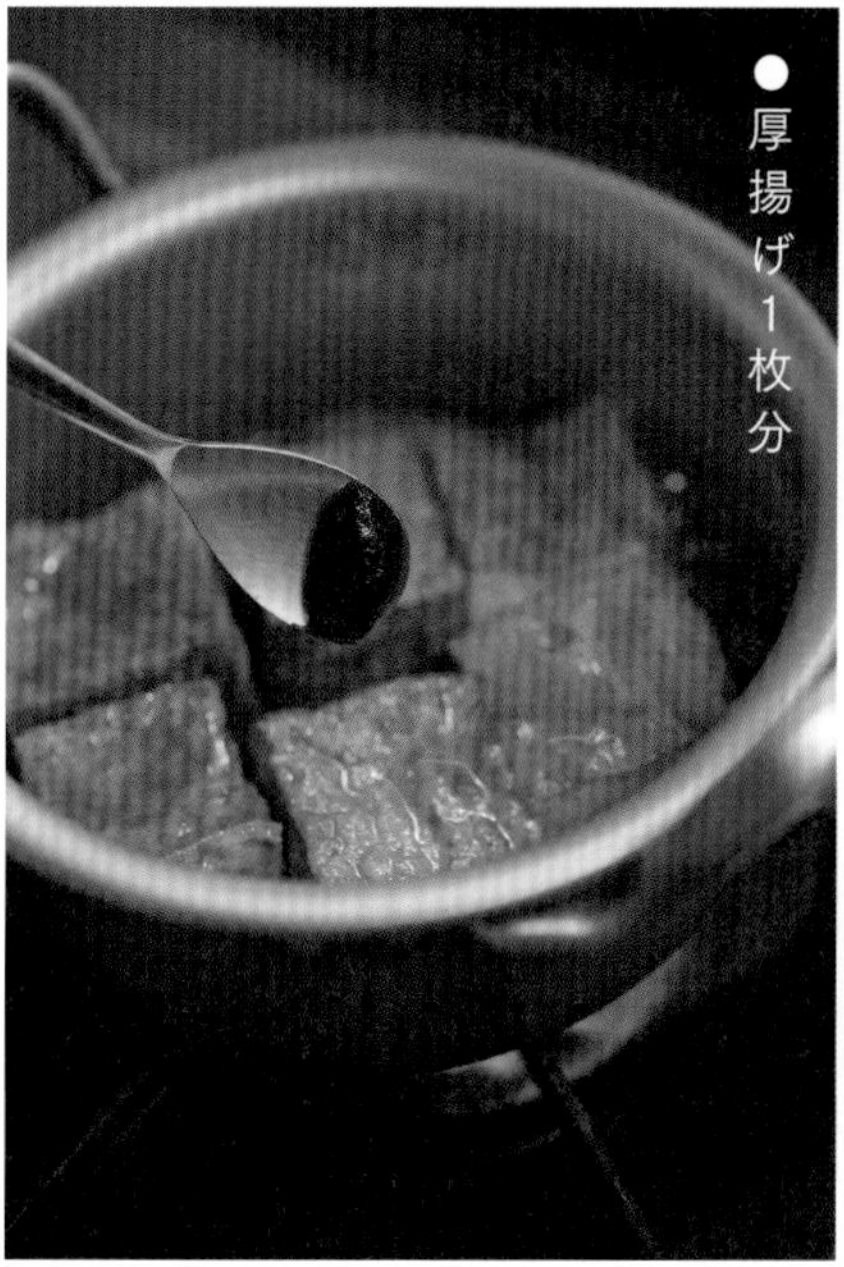

副菜用の厚揚げは、食べきれる1枚が入るサイズ。小さいと煮汁にもむだがないのがうれしい。最後にコチュジャンを加えて甘辛味に。

卵4個がこの鍋の適量。ちょうどふたり分の作りおきにいい分量。「熱伝導率が高く、お湯が早く沸くのも、ストレスがありません」。

KITCHEN TOOLS

3

ひのきのまな板

薄くて軽いから動かしやすい

まな板は、樹脂製も含めて5〜6枚とちょっと多めに常備。

「ひのきのまな板は素材を切るだけでなく、作業台のような役割としても使っています。食卓に持っていって、テレビでお相撲なんか見ながら、肉巻きを作ったり。縦に置くと、くるくるっと巻きやすいんですよ。木製だけれど薄めで軽いから、そんなことにも気軽に使えるんですね」

お正月に、大小1枚ずつ新調するのが習慣。それ以外にも、汚れが目立つと感じたタイミングで取り換えます。

「価格が2000円ほどなのも、買い替えやすくていいと思っています。やはりまな板はいつも清潔にしておきたいから、ある程度は消耗品と割り切っているんです」

樹脂製のまな板を使い慣れていると、木のまな板は扱いが難しそうにも感じますが、そんなに気をつかう必要はないそう。

「洗剤をつけたスポンジで洗うだけ。気をつけることは、水気を拭いたらしまい込まず、立てかけてよく乾かすことくらいです」

DATA

商品名	ヒノキまな板
販売元	松野屋
サイズ	(M)長さ35×幅21×厚さ1.2㎝ (XS)長さ27×幅17×厚さ1.2㎝
素材	ひのき
使用年数	約5年

木目の美しいひのき材は、適度に油分が含まれ、抗菌作用にも優れているのが特徴。「hal」で取り扱いあり。

KITCHEN TOOLS

4

照宝のせいろ

栄養を逃がさずおいしくいただける

年季の入ったせいろは、20年ほど前に横浜中華街で購入。後藤家では、古株の働きものです。切れかかった持ち手を、「もう少し、もう少し」とだましだまし使い続けています。

「野菜などは、ゆでるとお湯に栄養分が流れてしまうそうですが、せいろで蒸せばその心配もなく、うまみも保ったまま。パンや冷えたごはんを蒸すと、ふっくらとしてとてもおいしくなるんですよ」

最近のお気に入りは、友人の料理家さんに教えてもらったというフライドポテト。

「じゃがいもを丸ごと蒸してから、カットして冷凍。食べたい分だけ揚げるんです。すでに火が通っているので、長く揚げる必要がないから、とても手軽なんです」

DATA

商品名	せいろ
メーカー名	照宝
サイズ	(本体)直径約24×高さ約7.9㎝(蓋は高さ約4㎝)
素材	杉
使用年数	約20年

横浜中華街のメインストリートで50年以上、中華料理の調理器具を販売する専門店として存在する照宝。せいろは、杉、竹、白木、ひのきの4種類あり。現在の商品はデザイン変更あり。

使い方

●野菜を一度に蒸しておいて保存

野菜はおもに近所の直売所で購入。「行くとたくさん買ってしまうので、新鮮なうちに蒸して冷蔵保存。かたいものから時間差で蒸すのがコツ」。

●パンもふっくらと蒸せる

トーストとはまたひと味違う、もっちりやさしい仕上がりになるのが、せいろのいいところ。冷凍のパンや、少し乾燥したパンがおいしく復活。

●じゃがいもは蒸してから冷凍しておく

丸ごと蒸したじゃがいもは、半割りか4等分にして冷凍。「冷凍すると繊維が壊れて、揚げるとほっくり感が増すんです。冷凍庫に常備しています」。

KITCHEN TOOLS

5

クッキングプロ

いつもの味を、簡単に安全に

何げなく見ていたテレビショッピング。「これだ！」とピンときて、電話で即購入したのがこれ。今まではコトコトと長時間火にかけて煮込むか、「爆発しないかな？」とビクビクしながら圧力鍋で作っていた骨付き肉の煮込みも、簡単に作れるようになりました。なにしろうれしいのは、材料を入れてメニューを選び、タイマーをセットするだけで、熱々のおいしいおかずができあがること。

「電気なので、目を離しても安全なのがうれしいんですよね。さらに、うちのガスコンロは2口しかないので、もうひとつの熱源として使えるのもすごく助かるんです。定位置は、リビングのスツールの上。本当によく働いてくれる、いい子なんですよ」

DATA

商品名	クッキングプロベーシック
販売元	ショップジャパン
サイズ	幅28.5×奥行27.3×高さ29.5cm （容量3.2ℓ、重さ3.6kg）
使用年数	約2年

圧力調理のほか、炊飯、無水調理、蒸し料理、じっくり火を入れたいスロー料理など多機能。

使い方

大根と手羽元の煮込みの煮汁は、ポン酢と同量の水のみ。大根は味がしみ、肉はほろほろの仕上がり。

ある日の食卓

夫婦ふたりになったとはいえ、
おかずも品数も味つけも、
4人暮らしの頃とほぼ同じ。
少しだけ変わったのは、道具です。

基本はごはんとみそ汁の和食。この日は、大根と手羽元の煮込みに、甘酢だれをかけた鶏のから揚げ、ほうれん草ときのこのナムル、厚揚げの甘辛煮。大皿には取り分け用に竹のトング（p.49）を添えて。

KITCHEN TOOLS

6

マッコリカップ

軽くて丈夫。火にもかけられる

幾多の料理家さんが愛用していることでも知られるアイテム。どれどれ……と自宅で使ってみたところ、手を触れない日はないほどの愛用品になりました。本来は調理道具ではなく、マッコリという韓国のお酒を飲むためのアイテムです。

「煮汁が煮詰まったときに水を入れたり、卵を溶いたり。持ち手がついていることで使い勝手がいいんです。とにかく軽いし、落としても割れたりしない丈夫さもいい」

すぐに手が届く場所に引っ掛けて収納。

「直火にかけられるので、少しだけ甘酢を作るときに便利。熱伝導率が高いので砂糖がすぐに溶けます。何個かそろえて、そうめんの薬味を入れて並べてもいいですね」

DATA

商品名	アルマイト手付マッコリコップ ゴールド
販売元	松野屋
サイズ	直径12（全長16）×高さ5㎝
素材	アルマイト
使用年数	約2年

小さいけれど、後藤家のコンロにちょうど置ける絶妙なサイズ。火にかけると、取っ手がとても熱くなるのでご注意を。「hal」で取り扱いあり。

KITCHEN TOOLS

7

竹のトング

絶妙なしなり具合です

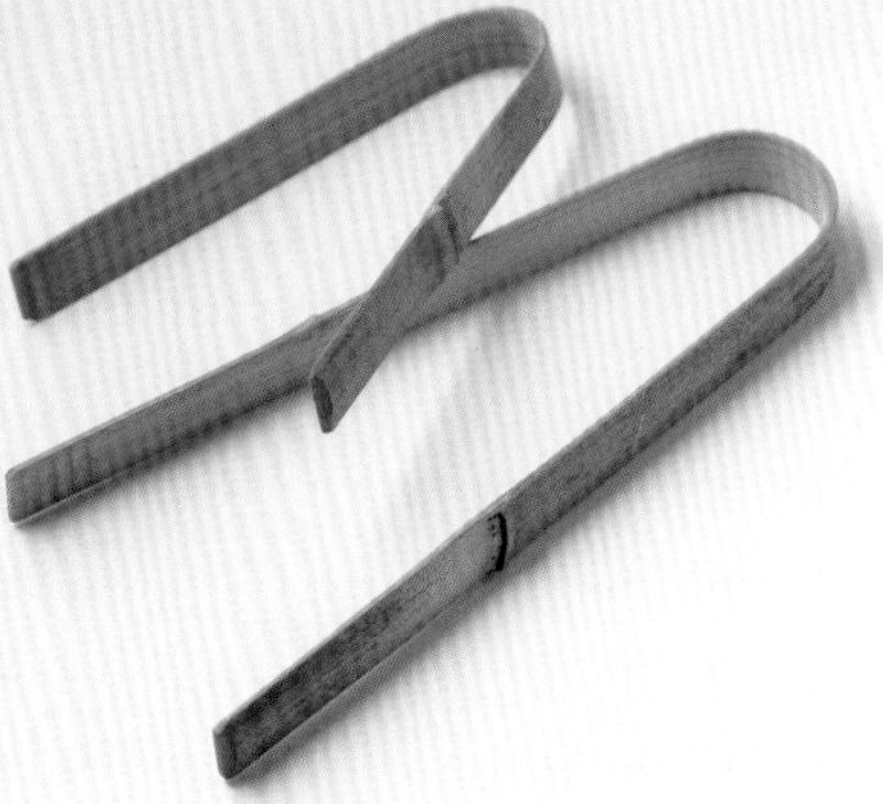

大皿料理の取り分けに便利なトングは、食卓の雰囲気に合う竹製を選んで。

「今年、新潟のF/styleのアトリエで購入してから、気に入って使っています。金属製のツールを使えないフッ素樹脂加工のフライパンにも心配なく使えますから、実は調理道具としてもとても優秀なんですよ。たとえるなら、菜箸みたいな感覚ですね」

あまりの使い勝手のよさに、全サイズを購入。そんなに力を入れなくてもしっかり挟めるので、大きいサイズはかたまり肉をひっくり返すときにも重宝しています。

「すぐに手に取りやすいように、そして自然素材なので、風通しのいいところでよく乾くように、窓辺のラックに引っ掛けています」

DATA

商品名	竹のトング
メーカー名	F/style（エフスタイル）
サイズ	長さ11、14、17、21㎝（全4サイズ）
素材	竹
使用年数	約6か月

F/styleは、五十嵐恵美さん、星野若菜さんが2001年に立ち上げたブランド。拠点である新潟の地場産業と協力しながら、衣類や生活雑貨などの商品を生み出している。

KITCHEN TOOLS

8

皮むきといえば、こちら

リッターのピーラー

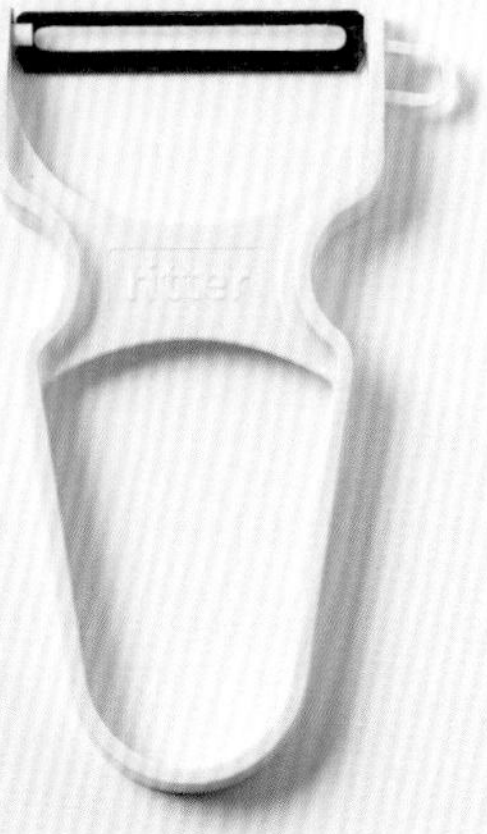

長く愛用しているピーラーは、ドイツのリッターのもの。

「もう、ピーラーはこれ以外考えられないほど手になじんでしまって。値段も手頃なので、一時期はちょっとした手みやげとして、人に会うたびお渡ししていたこともありましたね」

右端のちょっと飛び出た部分を使って、じゃがいもの芽をくりぬくこともできます。シンプルに徹しているように見えて、心遣いもなかなかのロングセラー。切れ味の気持ちよさは、鋼の刃を使っているから。

「ピーラーでむいた野菜の皮を少しずつためておいて、ある程度の量になったらベジブロスにするのも習慣なんです。皮むきのほか、ごぼうをささがきにするにも便利ですよ」

DATA

商品名	ピーラー
メーカー名	リッター
サイズ	長さ11×幅6.6×厚さ1.2㎝
素材	カーボンスチール（刃）、スチロール樹脂（本体）
使用年数	約20年

リッター社の創業は1905年。ピーラーは自在に刃が転がり、いびつなじゃがいもの皮も気持ちよくむける。一定の薄さでむけるため、食材をむだにしないのも長所。

KITCHEN TOOLS

9

みじん切りカッター

ハンドルを引くだけでラクラク

面倒なみじん切りを、どうにか簡単に済ませたい。フードプロセッサーを使う手もあるけれど、いちいち電動のものを使うのは大袈裟だし、切る量もたかがしれているし……などと考えて、たどり着いたのがこちらでした。

「とくにかたいにんじんなどは、切るうちに手が痛くなってしまって。これは、電気を使わず手動というのもなんだかホッとするんです。キューッと何度か引っ張って好みの細かさになるまで繰り返す仕組み。手の感覚ひとつでできる感じが、いいなと思って」

価格も３００円程度と、十分お手頃。

「最近買ったミニバットも、１００円ショップでほしかったサイズを見つけたから。活躍してくれそうなら、値段は問いません」

DATA

商品名	不明
メーカー名	不明
サイズ	直径12.5×高さ9㎝
使用年数	約２年

置き場所を選ばないコンパクトなサイズ。糸つきのハンドルを引き戻しすることで刃が勢いよく回り、食材をカット。均一に刻むコツは、途中で容器を上下に振って食材を混ぜること。

気に入った道具が与えてくれる小さなときめきや、幸福感。その積み重ねが、大きな満足に。

今井真実さん

湧き出るアイデア、楽しげな即興、時に大胆な味見。料理をしている今井さんは、とびきり楽しそうです。そのわくわくを支えているのは、精鋭の台所道具。日々料理に向き合う中、厳しい目で選んだもの。なぜだか手放せない、チープながら愛すべきアイテム。どれひとつ欠けても、ここに漂う幸せな空気は生まれないのです。

PROFILE

いまい・まみ

神戸市生まれ、東京都在住。食べることが好きな一家に生まれ、幼い頃から食に興味を持つ。食と暮らしにまつわる文章にもファンが多く、レシピを添えたエッセイも好評。2023年には、愛用のフライパンを使った『フライパンファンタジア』（家の光協会）、新たな梅しごとを提案する『今井真実のときめく梅しごと』（左右社）など、独自の切り口のレシピ本を出版。X（@mamiimai_gohan）

家族の毎日のごはんと、仕事のための料理と。そのふたつは大きく区別せず、いつでもおいしいと思うものを、作って食べて紹介する。家族のふとしたひと言をヒントにして生まれたレシピも多い。

人生の満足度は 小さな心地よさの積み重ね

使っているのはおなじみの食材。ただ少し、いつもと違う組み合わせ、ちょっと意外な手順。今井さんの料理には、どれもうれしい驚きがあるのです。

そんな名レシピが生まれる現場は、家族4人が暮らす一軒家の、一般的なキッチン。鍋の数がとびきり多いわけでもなく、いわゆるプロ仕様のツールにあふれているわけでもありません。

台所道具を手に入れるときはよくよく考え、ひとつで二役も三役もできるものを選びたいと思う。けれど、時には意を決して、ちょっと贅沢な道具に手を伸ばしたりもする。プロといえども、道具を選ぶときの迷いやドキドキは、普通の人と何ら変わらないと言います。

「収納も予算も限られる中で、じっくり考えて迷って、それでもこれは必要だと思って買ったものはすごく大切にするし、愛情を持って長く使えます。台所道具ってどれも相当丈夫で、使えなくなって買い直すことってあまりないんですよね。もう少し使える、まだ大丈夫……で、どんどん買い直すきっかけを逸してしまうから、最初に家に入れるときにきちんと吟味したかどうかが、実は後々まで影響するんです」

今、台所にあるのは、さまざまな条件をクリアした頼れる相棒。それらを手にして料理をするとき、今井さんはふと、幸せってこんなことの積み重ねかもしれないな、と思うのです。

「ちょっとお肉が上手に焼けるようになったとか、トマトがスッときれいに切れたとか、そんな小さな満足感。あるいは、道具を手に入れたことによるときめきで、生み出された新たなレシピ。そんな些細な日常の幸せが重なることで、人生の満足度って上がっていくんじゃないでしょうか。〝人生〟なんて、すごく大きな言葉を使ってしまったけれど、結局日々の積み重ねが、大きな川の流れを決めていくんじゃないかな、と。台所道具って、『これって最高！』っていうような、アッパーな喜びをもたらすものではないけれど、気持ちよく使えるものならば、確実にストレスを減らしてくれる。それって実は生活の本質に関わってくる、見逃してはいけないところのような気がしているんです」

右上／コンパクトなキッチンのため、必要最低限の道具だけを置いている。右中／ラップ類のにぎやかなパッケージは白いケースに入れてすっきりと。右下／台所は食材や台所道具でいっぱいのため、食器棚はダイニングスペースに。左／しょっちゅう手に取るものはかごに、頻度がやや低いものは蓋付きの箱に。箱に白い紙を入れてすっきり見せるとともに、中身を書いてわかりやすく。

KITCHEN TOOLS

1

ステーキの焼きあがりはピカイチ

バッラリーニのフライパン

思い切って高価なフライパンを試してみたり、割り切ってリーズナブルなフライパンにしてみたり。そんな長年のフライパン迷子だった今井さんの結論が、こちらです。

「鉄製もいいけれど、毎日ストレスなく使うなら、コーティング加工されたフライパンが便利。でも、使ううちにコーティングがはがれてしまう。ずっと陥っていたそのジレンマから、ようやく解放されました」

今井さんが考える使いやすいフライパンの条件は、コーティングの丈夫さに加えて、ある程度重さがあること。

「軽い方が使いやすいと思いがちですが、〝軽い＝素材が薄い〟なので、熱しやすく、冷めやすいという欠点につながり、料理をおいしく仕上げるのが難しくなるんです。コーティングは永久ではないけれど、仕事でハードに使っているのに、十分耐えてくれています。このフライパンに出合ってよかったことは、ダメになっても、『またバッラリーニを買えば大丈夫』と思えること。もう迷子じゃないぞ、っていう安心感です」

ヴィピテーノシリーズは、新しい「ネロライト・コーティング」を採用。4層構造で、金属へらも使える耐久性。温度が高くなるとハンドル根元のピンが自動で上がる仕様。

DATA

商品名	ヴィピテーノ フライパン 深型28㎝
メーカー名	バッラリーニ
サイズ	直径28（全長48）× 高さ10.5㎝（重さ1.2kg）

＊ほかに直径20㎝、26㎝浅型のフェラーラ（写真左）も愛用

素材	アルミニウム（本体）ほか
使用年数	約5年

使い方

●牛肉のステーキを作る

フライパンに多めの油とにんにくの薄切り1かけ分を入れて弱火にかけ、フライドガーリックを作る。一度取り出して軽く油を拭き取ってから、バター5gを熱し、室温に戻した牛肉の脂身の部分を焼きつける。

脂身がこんがりと焼けたら、肉をねかせる。今回は2㎝厚さ200gの肉を使用。余分な脂をキッチンペーパーで拭き取りながら片面2分ほど焼く。うっすらと表面に肉汁が浮いたら裏返す。

焼きあがった面に塩ひとつまみを振る。生肉の状態で塩を振ると焼くときにうまみが流れ出るため、このタイミングで。こちらの面も2分焼き、同様に塩ひとつまみを振って一度取り出す。

余分な脂を拭き取り、みそ、はちみつ各大さじ1、粒マスタード小さじ1を加え、とろみがつくまで煮立てる。器に盛ったステーキにかけ、作っておいたフライドガーリックをのせる。

「肉の焼き時間は、厚さ1㎝に対して片面1分。だから、今回は片面2分です。焼く前に肉を室温に戻すのを忘れずに!」。ズッキーニのソテーと盛り合わせて完成。

ミニサイズのフライパンで卵を焼く

蓄熱性が高いのも、バッラリーニの魅力。目玉焼きの縁はこんがり、黄身はとろり。「ほどよい重みがあるから、コンロの上ですべらないのもいいんです」。

深型フライパンでスパゲッティをゆでる

鍋感覚で使える28㎝深型なら、パスタもゆでられる。「スパゲッティなどのロングパスタがぴったり入るサイズ。深型はソテーから煮込みまで使えるので、使う頻度も高いです」。

KITCHEN TOOLS

2

火からおろしたら、余熱で保温調理できる

シャトルシェフ

もっと、みんなに知ってほしい！と長年思っています。親戚に譲られて使い始め、その便利さに魅了され、今や2台持ち。

「鍋に食材と水分を入れて沸騰するまで火にかけたら、保温容器に入れて蓋をパタンと閉めるだけ。容器で丸ごと鍋を保温し、余熱でじっくり煮込みます。煮立たないから、煮くずれもなし。コンロにつきっきりで煮込まなければいけない料理が、放っておけばできる。これで作る煮豆は絶品ですし、おでんにもいい。春先にたけのこをゆでるのも、とても気軽」

意外と知られていないのは、保温に電気を使わないところ。いつものごはんにはもちろん、今井家の趣味であるキャンプでも大活躍です。そして万が一の災害時にも、きっと役立つはず。

「朝、これに鶏肉と野菜を切って入れて、煮立ててから保温しておく。あとは、帰ってから考えればいい。トマトを入れてスープにしても、カレーにしても、具だくさんのおみそ汁にしてもいい。そんなおおらかさも、気に入っているんです」

調理鍋を使い、所定の時間、コンロで沸かしたら、あとは保温容器に入れるだけ。現在の商品はデザイン変更あり。

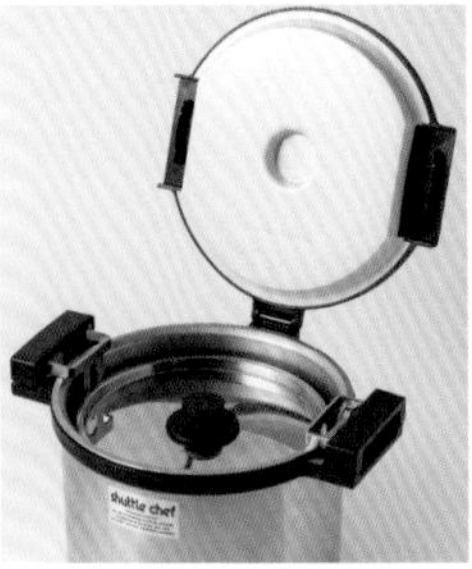

DATA

商品名	真空保温調理器シャトルシェフ KPA-3000
メーカー名	サーモス
サイズ	幅約29×奥行約24.5×高さ約21cm（本体）、調理鍋最大内径20cm（容量3ℓ）
素材	ステンレス（調理鍋）ほか
使用年数	約16年

shuttle chef
"Thermal Cooking"
an epoch-making cooking concept,
consisting of an inner pan and
an outer vacuum insulated container

●ココナッツチキンカレーを作る

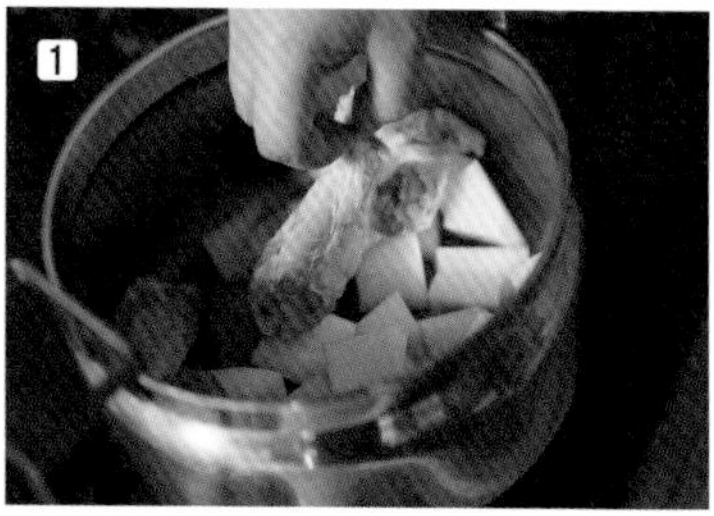

玉ねぎの薄切り1/2個分、2cm厚さのいちょう切りにした大根200g、鶏手羽元400gを調理鍋に入れる。

さらに、にんにくの薄切り1かけ分、ざく切りにしたトマト2個分、エリンギなど好みのきのこ120gを加える。

ココナッツミルク1缶(165g)を加える。

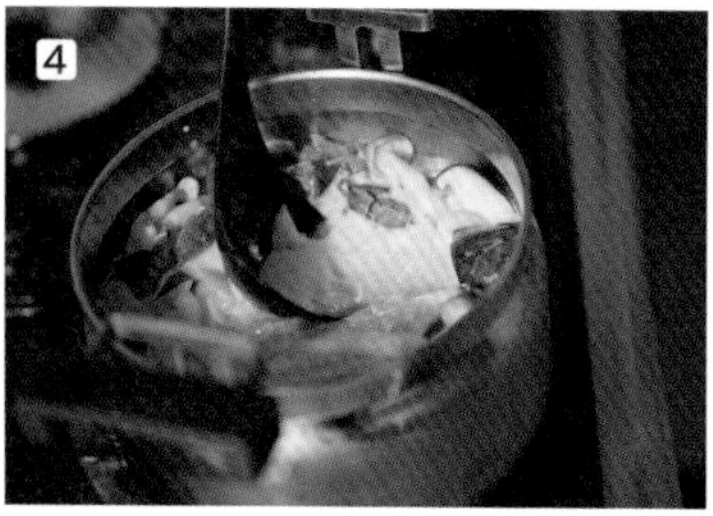

水2カップを加え、軽く混ぜて具を液体になじませる。

カレー粉大さじ2、塩小さじ1/2を加えて中火にかける。

煮立ったら、具が汁に完全につかるまで、具と汁をなじませる。

火を止めて鍋に蓋をし、
保温容器に入れる。

2時間ほど放っておけば、大根は芯までやわらか、手羽元もホロホロに。味を見て、足りなければ塩で調えて完成。「水気が多いと感じたら、火にかけて少し煮詰めて」。

「材料を入れて沸かしたら、保温容器へ。それだけで、あとは時間がおいしくしてくれます。余熱で調理するので、外に出かけても安心」。

KITCHEN TOOLS

3

ステンレス卓上鍋

軽くて見た目もよし。鍋料理が楽しくなる

10年ほど前、家で鍋料理を楽しむために、ちょうどいい鍋を探していました。理想はすぐにお湯が沸く金属製、径が大きくて、深さはそんなに必要なくて、デザインができるだけシンプルで。ずっとイメージしていたので、出合ったときは迷いなく購入できました。

「冬場は鍋料理のたびに登場して活躍。丈夫なステンレス製ということで、キャンプにも持って行けるし、麺をゆでるときにも便利。汁物をたくさん作りたいときにも、すごくいいんですよ。参鶏湯《サムゲタン》を作るときは、この大きさが本当に助かります」

鍋の蓋をくるりとひっくり返すとちょっとコンパクトに。そうすると上にものも重ねられるので、収納面でも秀逸なのです。

DATA

商品名	肴七味《ななみ》 ステンレス製 卓上鍋
販売元	アンティナギフトスタジオ（大和《やまと》）
サイズ	直径24（持ち手含まず）×高さ（蓋含む）13.5㎝ （容量3ℓ、重さ800g）
素材	ステンレス鋼
使用年数	約8年

開発者自らが、理想の鍋を求めて試行錯誤。大きさや傾斜も、水量と火が回る速さのバランスを検証して決定。

使い方

●豚しゃぶとせん切り野菜の鍋を作る

鍋に水1.5ℓと酒50㎖、にんにくの薄切り2かけ分、塩小さじ2、昆布10㎝四方1枚を入れ、火にかける。せん切りにした長ねぎ2本分、セロリ1本分を入れ、豚しゃぶしゃぶ肉、たこの薄切りとともにさっと火を通して味わう。たれはポン酢しょうゆに大根おろし、いかの塩辛、のりの佃煮、一味唐辛子、青ねぎの小口切りなどを自由に組み合わせながら。

KITCHEN TOOLS

4

ちょこっとミニおろし

フライパンに直接すりおろせる

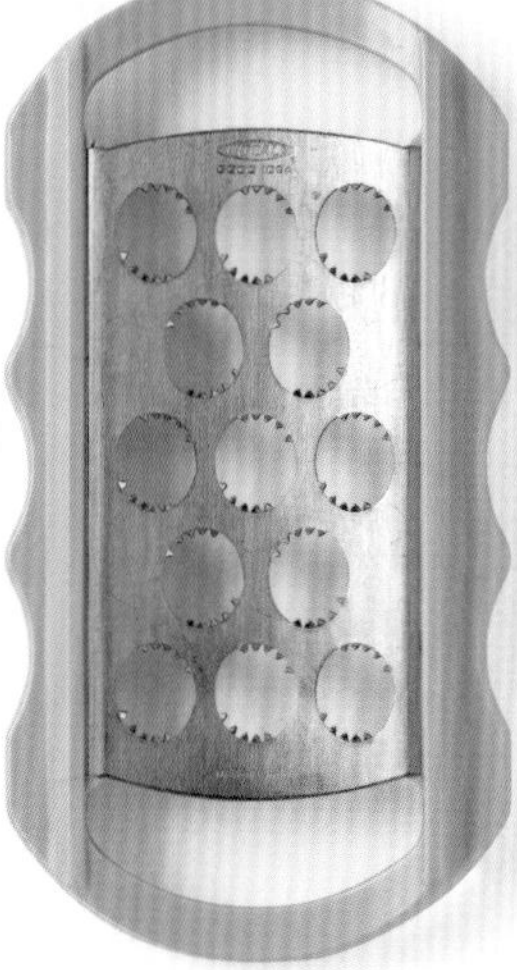

「母が『料理番組で見たミニおろし器がほしい』とかっぱ橋に出かけて、私のためにも買ってきたものなんです。結局、番組のものとはどうやら違うみたいなんですけれど（笑）」

お気に入りポイントは、手でしっかりとつかめる小ささと、チープでかわいい質感。

「穴が大きいから、粗めにおろす感じです。細かくすりおろせるタイプって、刃の中に入り込んで、洗うのが手間だったりしますが、これはそういったストレスもないんですよ」

仕上がりは、すりおろしとみじん切りの間くらい。まな板と包丁を出す手間なく、フライパンの上で手軽に、ささっとおろせるので「なくては困る！」のだそう。これがあれば、にんにくの登場回数がぐっと増えそうです。

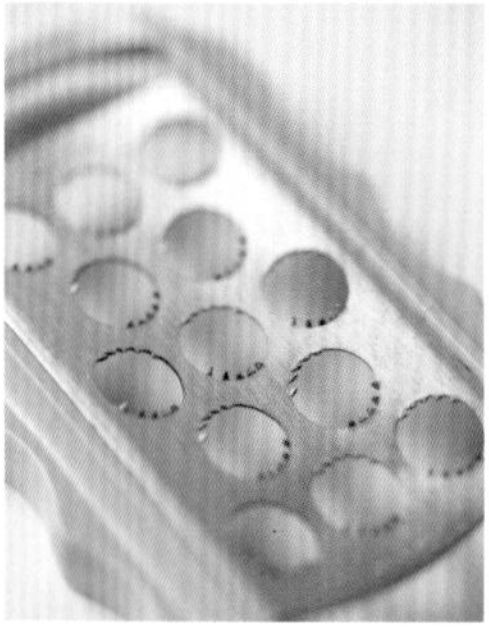

DATA

商品名	ちょこっとミニおろし
メーカー名	新考社
サイズ	長さ12×幅6.4×厚さ1.4㎝
素材	ABS樹脂（ハンドル）、ステンレス鋼（刃）
使用年数	約10年

大きめの丸穴に細かい目立てが施されている手のひらサイズのおろし器。サイドに凹凸があるので握りやすい。

＊現在は廃盤となり、在庫が完売次第終了。

使い方

包丁もまな板も
使わない！

●シンプルトマトソーススパゲッティを作る

オリーブオイル大さじ１をフライパンにひき、にんにく１かけを上からすりおろして弱火にかける。

にんにくの香りが立ったら、トマトピューレ大さじ６と水大さじ２を加えてなじませ、煮立たせる。

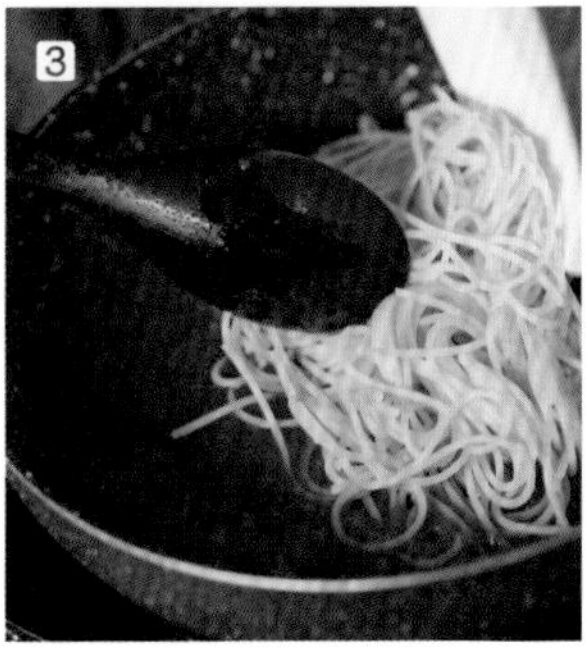

鍋に水１ℓを沸かし、塩小さじ２を加えてスパゲッティ90gをゆでる。袋の表示時間の３分前に引き上げ、フライパンに加える。

トマトソースをスパゲッティに絡め、器に盛りつける。

普段の昼ごはんなら
このくらいでいい！

すりおろしたにんにくは細かすぎないから、辛みがあまり出ないのもいい。トマトピューレを使うことで、短時間で濃厚な味わいに。

KITCHEN TOOLS

5

工芸品としての美しさに目を奪われた

関《せき》孫《まご》六《ろく》 要《かなめ》の包丁

雑誌の取材で工場を訪ねる機会があり、そこで出合った1本。感動したのは、包丁作りに携わる人たちの真摯な姿。

「1本の包丁に、すごく細やかな手がかけられていました。みなさん、誇りを持って仕事に向き合っていらっしゃって。関の刀鍛冶の刃紋を使ったという姿も、美しいですよね」

その切れ味は、ただ素材にのせる感覚なのに、気づけばスッと心地よく切れているほど。

「工場の方は、『この包丁には工芸品としての美しさもある。それを日常の中で使って、驚いて感動してほしい』とおっしゃっていました。工芸品は、美術館で眺めるだけのものじゃない。暮らしの中に取り入れることもできるんだ、と気づかせてくれた存在です」

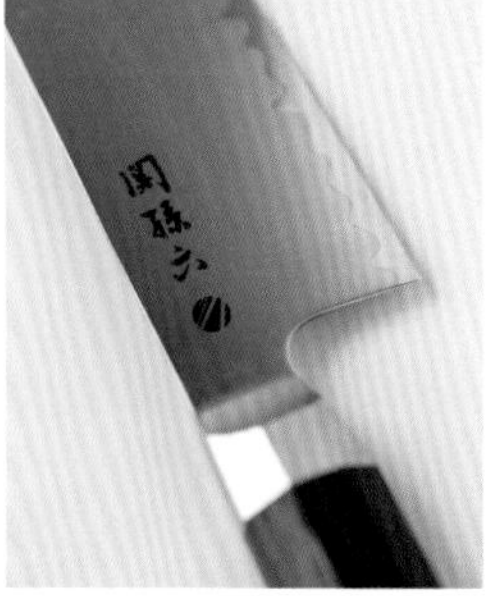

DATA

商品名	関孫六 要
メーカー名	貝印
サイズ	切付6寸半（刃渡り19.5cm、重さ161g）
素材	特殊ステンレス刃物鋼（刃材）ほか
使用年数	約6か月

鋭い切れ味と耐久性。日本が誇る刃物の産地、岐阜県関市で培われた伝統の職人技と、革新的な技術力を結集。

使い方

くずれやすいトマトも力を入れずに切れるから、この美しさ。刺身やローストビーフなどの切りにくいものも、鮮やかに切れる。

KITCHEN TOOLS

6

小回りがきくので活用度が高い

無印良品のジャムスプーン

きっと便利なものが、しかも手軽な価格で見つかってしまうから、「できるだけ近寄らないようにしている」というほど信頼を寄せる無印良品。こちらも実に優秀です。

「白和えやシチューのルウを作るときによく使っていますね。かき混ぜるときも裏返すときも、何かと小回りがきくのがいいんです。小さなゴムべらっていろいろなメーカーから出ていると思うんですが、なんでこんなに手になじむんだろう……と考えてみたんです。きっと、ジャムのビンに入れて使うために柄が少し長いのが、使いやすい理由なのかなあ」

さらなるポイントは、スプーン先端のしなり具合。食材からの色移りが目立たない、黒というのもシャープな印象でよいのです。

DATA

商品名	シリコーンジャムスプーン
メーカー名	無印良品
サイズ	長さ約19㎝
素材	ナイロン、シリコーンゴム
使用年数	約3年

スプーンの肩のラインとしなり具合が絶妙で、容器の周りについたとろみのある液体をむだなくすくい取れる。

KITCHEN TOOLS

7

小さじ¼まで量れる
貝印の計量スプーン

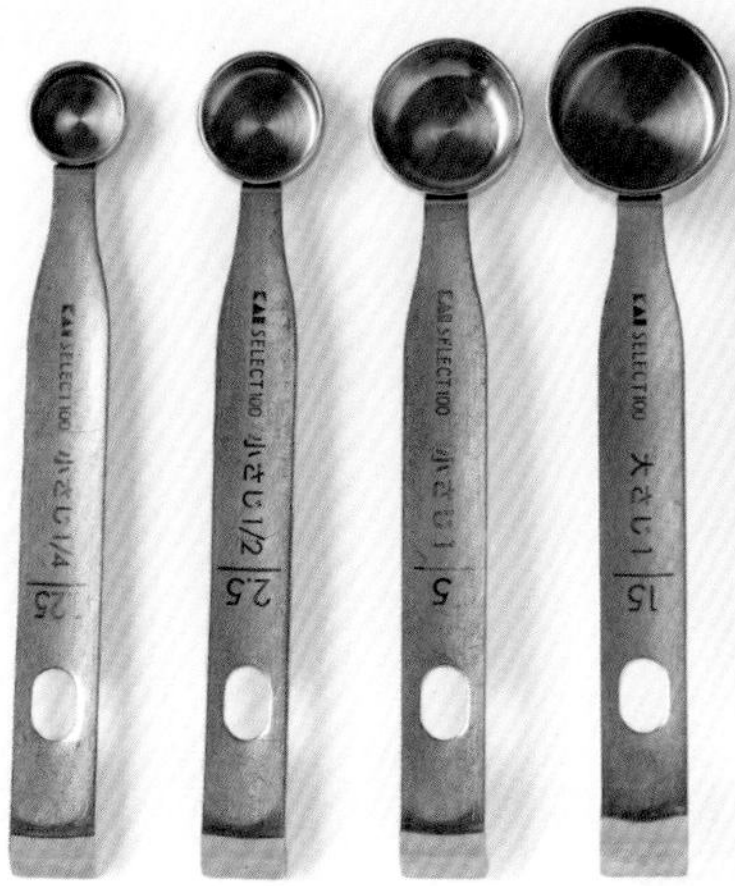

家族の料理に関しては、即興の面白さを楽しみながらの目分量でも、仕事のためのレシピとなると、そうはいきません。そこで活躍するのが、扱いやすい計量スプーン。

「まず、置いたまま量れるところがいいですね。深さがあるから、液体がこぼれづらいのも助かります。そして、小さじ¼サイズがあるのがありがたい。『塩ひとつまみって、正確にはどのくらいの量なんだろう?』というときに、ごく少量のこのサイズまでそろっているのがとても便利です」

入れ子になっていて、収納に場所を取らないのもうれしいポイント。オールステンレス製なので洗いやすく、食洗機にも対応。より少量の小さじ⅛も販売されています。

DATA

商品名	SELECT100　計量スプーン
メーカー名	貝印
サイズ	幅3.2×高さ2.6×長さ14.2㎝　＊入れ子にした状態
素材	18-8ステンレススチール
使用年数	約5年

毎日の料理を心地よくサポートしてくれる、貝印の基本の調理道具「SELECT100」シリーズのロングセラー。

KITCHEN TOOLS

8

これで焼いたパンはこんがり、絶品!

辻《つじ》和《わ》金《かな》網《あみ》の焼き網

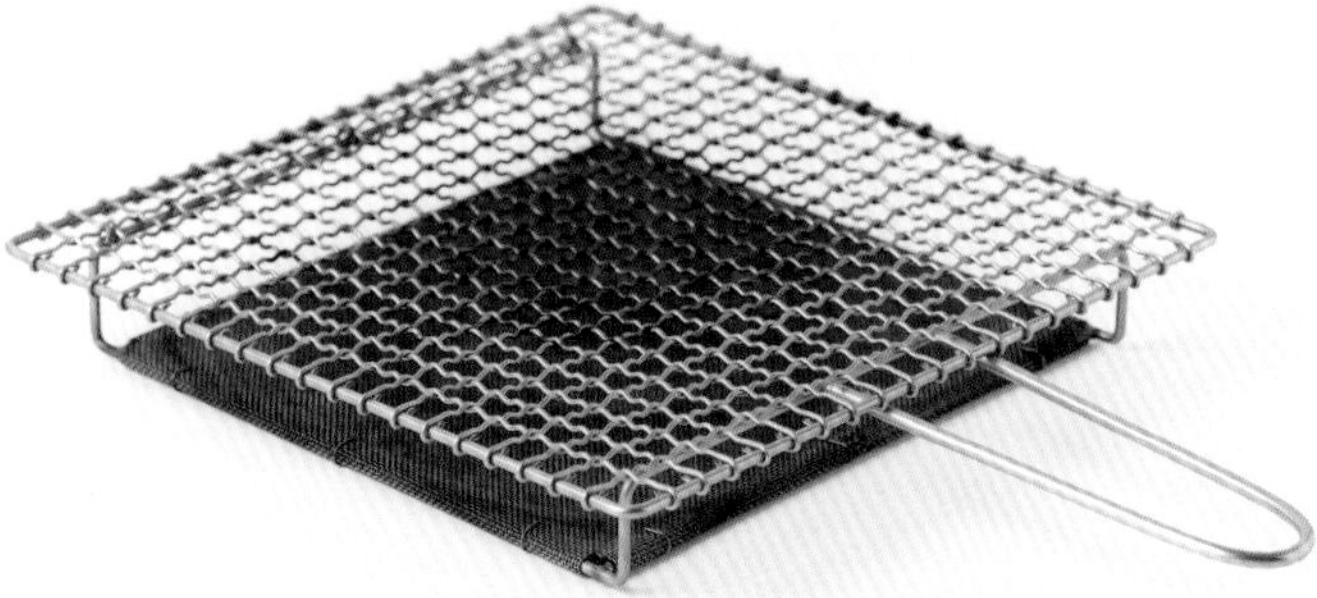

あったら便利だな、とはずっと考えていました。とはいえ、トースターはあるし、魚焼きグリルもある。正直、どうしても必要という道具ではありません。それでも!と手に入れたのが、この焼き網。ガスの直火を和らげて熱をまんべんなく広げ、パンを焼くと、外側はカリッと、中はふんわり。

「ちょっと贅沢かな、と思いましたが、想像以上によく使っています。キャンプにも持っていけますし、家でパンを食べるときには、カセットコンロを出して卓上でトーストするのもいい。お正月にお餅を焼くのはもちろん、残って冷凍してあるお餅をサイコロに切って焼くとおつまみにも。道具ひとつから広がる料理があると教えてくれたアイテムです」

DATA

商品名	手付焼網(受け付)
メーカー名	辻和金網
サイズ	幅22.5×奥行22.5(全長33.5)×高さ3㎝
素材	ステンレス
使用年数	約5年

持ち手付きで、五徳に置くだけで手軽に使える。洗いやすいように、焼き網部分が上に開くデザイン。

KITCHEN TOOLS 9

キッチンタイマー

2種類のタイプを使い分ける

料理家の仕事は、何かと〝計る〟ことが求められます。今井さんも、キッチンタイマーを複数活用。すべて同じ種類にそろえた方が使い勝手がいいような気がしますが、この2種類、それぞれに特徴があるのだそうです。

「白い方は、カウントダウン方式。〝35分煮込む〟などのときに使います。シルバーの方は、ストップウォッチの機能も。かたまり肉を煮込むときにスタートさせて、煮上がったところで時間を確認する。『あ、やわらかくなるまで50分かかったな』とわかるわけです」

後者は以前、お兄さんにもらったもの。同じタイプを探していますが、操作が単純なものはなかなか見つかりません。「どうか、壊れませんように」と願いながら使っています。

＊レアックジャパンの商品は取扱い終了。

DATA

名称	キッチンタイマー
メーカー名	（上）タニタ、（下）レアックジャパン
サイズ	（上）縦9.7×横6.1×厚さ1.6㎝ （下）縦7.8×横7.8×厚さ1.6㎝
素材	（上）ABS樹脂ほか　（下）ステンレスほか
使用年数	約15年

時間を計るのは、だいたい火入れのタイミング。レンジフードに張り付けられる磁石式であることも大切な条件。

料理は、道具との共同作業。自分を助けてくれる心強さと安心感があります。

コウケンテツさん

毎日、家族のためにごはんを作り続けることは、場合によっては、孤独な闘いでもあります。

心が悲鳴を上げているなら、作るのをやめたっていい。

でも、いい道具との出合いで、何かが変わるかもしれません。

仕事以外に、家族のごはんも日々作っているコウさんにとって、台所道具は、楽しみや喜びを共有する相棒でもあるのです。

PROFILE

こう・けんてつ

大阪府生まれ、東京都在住。料理研究家で、一男二女の父。日々ごはんを作る人のために考案される飾らない料理は、YouTubeなどで大人気。自身のルーツである韓国料理をベースに、世界を旅して学んだ料理も交えて、だれもが作りやすい料理に仕立てる。２０２３年3月には初の絵本を2冊同時出版するなど、活動の幅を広げる。料理研究家コウケンテツ公式チャンネル（YouTube）
Koh Kentetsu Kitchen

撮影で使用する自宅2階にあるスタジオには、立派なキッチンセットが2台。日々、こちらで試作や撮影などをこなすが、コウさん曰く「自分が家族のために作っている、まさに日常の料理」。

棚の上には美しく並べられた道具たちが。下段の左端にあるのは、韓国のマッコリカップとボウル。

右／韓国のアルミトレイは、サイズごとに積み重ねて収納。軽いので取り出しやすいのもいいところ。左上／引き出しはイケアの仕切りケースを入れて、アイテムごとに収納。左下／頻繁に使う木べらやスッカラは、立てて作業台の上に。スッカラは調理道具としても有能。

自分の背中を押してくれる頼もしい道具との出合い

「台所道具に対しては、本当にこだわりがなくて、包丁はもらいものだったり、スーパーで安売りしているフライパンを使っていたりしたんです」と笑うコウさん。ただ、それは理由があってのこと。

「そもそも料理研究家とは、家庭料理のレシピを提案する仕事なので、一般の方が使っている道具でおいしく作れないと、意味がないと思うんです」

　手頃な値段で買えて、軽くて使いやすく、収納もしやすい。そんな条件を兼ね備えた道具の代表的存在が、韓国のアルミ製トレイやカップ、ボウル。これらは、コウさんにとって下ごしらえにはなくてはならない道具たちです。さらに重視しているのは機動力。

「大きいものの方が万能に使えそうですが、実は小さいものの方が、機動力があって使いやすい。つまり、『小は大を兼ねる』という結論に至りました」

　そんなコウさんですが、ある包丁との出合いで、少し考え方が変わってきたそう。

「仕事で職人さんや作家さんに取材させていただくことがあり、作り手の情熱や思いなどを知ると、こういう道具を使いこなせるようになりたいな、と思うようになりました。家族のために料理を作る人って、いつも褒めたり労ったりされるわけではなく、意外と孤独な闘いなんですよ。そんなとき、道具や道具の向こう側にいる人のことを思うと、一緒に作っている気持ちが芽生えて心強くなる。それに、この包丁を使っていつもより上手に切れたら、自分が成長できている気になりますし。違った切り方をしてみよう、次はこんな料理を作ってみよう、と楽しみが広がっていくと思います。そうすると、人生が深まる気がするんですよね」

　それでも、ごはん作りにストレスがある状態で、むりをするのは禁物。「むりならやめる」という切り札を持ちながらも、ごはん作りを楽しむ方法を、自分なりに編み出していくしかありません。

「自分のライフスタイルにしっくりくる道具って絶対にあると思います。それは、何かの買い物のついでに見つけたとか、たまたま出合うことも多いはず。だから、偶然を大切に、柔軟に探してみてほしいですね」

KITCHEN TOOLS

1

料理の下ごしらえには欠かせない

マッコリカップ

韓国のお酒、マッコリを飲むためのカップ。それを調理道具として使い始めたのが、実はコウさんです。アイデア次第で、オリジナルの使い方を発見するのも楽しいそう。

「韓国料理って、材料がすごく多いんですよ。五味五色といって、一品に5つの味と5つの色を入れるという考え方があり、薬味なんかもたくさん使う。そんなときに、マッコリカップにそれぞれの材料を入れたら、それがすごく使いやすいなって。韓国では、そういう使い方をしている人はあまりいなかったと思いますね。一時期は、南大門市場と東大門市場からマッコリカップがなくなったといううわさも……笑」

大小2サイズあり、重ねて収納できるから場所を取りません。料理をする前にまずカップをいくつか並べて、切った野菜を次々に入れていくと、余計な動きがなくなり、料理がはかどります。下ごしらえがスムーズにいくと、気持ちにも余裕ができて、料理上手になれた気に。まずは、下準備の方法から見直してみませんか？

DATA

名称	マッコリカップ
製造地	韓国
サイズ	（大）直径13×高さ5.5㎝ （容量570㎖） （小）直径11×高さ5㎝ （容量350㎖）
素材	アルマイト
使用年数	約15年

韓国の市場の金物店などで販売されている。最近では、日本の店やネットでも購入可能に。

KITCHEN TOOLS

2

アルミトレイ

軽くてサイズが豊富なので、使い勝手がいい

マッコリカップと同じく、韓国の市場ではよく見かけるアイテムで、これもコウさんにとって、下準備にはなくてはならない存在。日本のバットは長方形で深さがあるものが多いですが、こちらは正方形で、ちょっぴりレトロな雰囲気。

「韓国の市場では、1号サイズのトレイにキムチチゲとかごはんやおかずをのせて、配達してくれるんです。お店の人は店を離れられないので。軽いから持ち運びしやすいんですよね」

それを、調理にも使うようになったのは、材料を可視化すると失敗が少なくなると気づいたから。必要な材料をその都度、冷蔵庫から出すのではなく、最初に、使う材料を一度にトレイに出すことから始めると、入れ忘れも防げて、効率よくスムーズに。

「正方形という形が意外にも使いやすく、また深さがないのも万能に使える理由。軽いから、何枚も重ねて棚に入れてしまっておいても、取り出すときにストレスはありません」

小さいサイズから1、2、3、4と無造作に押された数字がチャーミング。これより大きなサイズもあり。

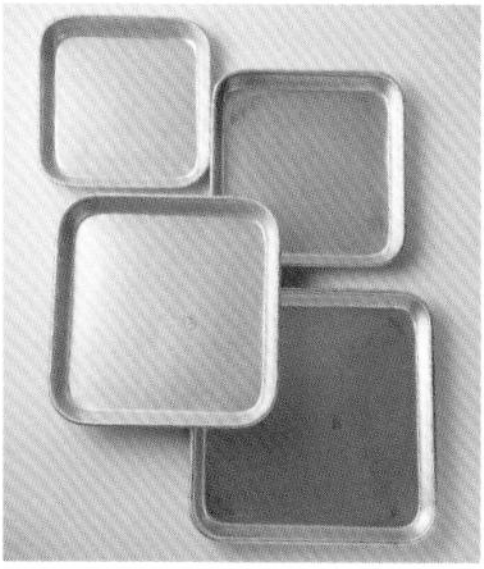

DATA

名称	アルミトレイ
製造地	韓国
サイズ	(1号)縦21×横21×高さ2.5cm　(2号)縦23×横23×高さ2.5cm　(3号)縦27×横27×高さ3cm　(4号)縦29.5×横29.5×高さ3cm
素材	アルマイト
使用年数	約15年

使い方

マッコリカップとアルミトレイを使って

●プルコギを作る

4種類の野菜と牛肉を甘辛だれで炒め合わせて作るプルコギ。まずは使う野菜(玉ねぎ、にんじん、細ねぎ、しいたけ)をトレイに出す。牛肉(切り落とし)は200gを用意。プルコギを巻いて食べるためのレタスや青じそは、さっと水に通してからトレイに置き、濡らしたキッチンペーパーをかけておくとシャキッとする。

玉ねぎ1/2個としいたけ2～3個は薄切りに、にんじん1/2本はせん切りに、細ねぎは5cm長さに切る。野菜の切れ端などはマッコリカップへ。合わせだれ(しょうゆ・酒各大さじ2、白炒りごま・砂糖・ごま油各大さじ1、にんにく・しょうがのすりおろし各1/2かけ分)はマッコリカップに入れて混ぜておく。

たれをよくなじませます～

ボウルに牛肉と合わせだれを入れ、細ねぎ以外の野菜を加えて、全体をよく混ぜ合わせる。最初に混ぜ合わせておけば、あとは一度に炒めるだけ。このアルミのボウルもよく使うアイテム。火にかけられるので鍋にもなり、ビビンパやスープの器にも。

簡単でおいしい
普段のおかずです！

フライパンを中火で熱し、ボウルに混ぜ合わせた材料を一気に入れて炒める。たれが絡んでいるので、肉がしっとり炒めあがり、焦げつく心配はなし。全体に火が入ったら、細ねぎを加えてさっと混ぜ合わせ、器に盛る。

KITCHEN TOOLS

3

極上の肉料理のための、スペシャルアイテム！

バーミキュラのフライパン

「鉄のフライパンはほしかったんですが、お手入れが大変だし、ちょっと敬遠していたんですよね」。料理に時間をかけられない主婦の方にとっては、ややハードルが高い。そうすると、気軽に使えるフッ素樹脂加工のフライパンはベストな選択でした。それでも一度使ってみたいと、以前からお世話になっているバーミキュラのフライパンを手に入れて……。

「うわー、やっぱこれだわって。特価の安い肉を焼いてみたら、最高においしかったんです！　焼く音とか香りとかが全然違うので、五感が刺激されて、ストレスが吹っ飛びました」

普段は忙しい中で家族の料理を作るため、いつもの料理はフッ素樹脂加工のフライパンで。たまに、自分のためだけに料理を作れるときに、満を持して、このフライパンが登場します。

「もともとは鋳造業を営んでいたバーミキュラ。日本の鋳鉄技術は世界に誇れると思いました。お手入れもしやすく、扱いやすい上、ビジュアルが最高にカッコイイです！」

食材から出る余分な水分を瞬間的に蒸発させ、素材本来のうまみを凝縮。自立するガラスの蓋は別売り。

DATA

商品名	フライパン
メーカー名	バーミキュラ
サイズ	直径26（全長46㎝）×深さ4㎝
素材	鋳鉄×ホーローコーティング
使用年数	約2年

KITCHEN TOOLS

4

包丁よりも小回りがきき、軽やかに切れる

ツヴィリングの料理ばさみ

韓国では、肉を焼くときにキッチンばさみは必須アイテム。

「ステーキでも、チキンソテーでも、すべての肉に使います。かたまりのまま表面を焼いてうまみを閉じ込めてから、はさみでザクザクとカット。あとは、焼きが足りない断面などを、自分好みになるまで焼く。これが、一番手軽で失敗なく、ジューシーに焼ける方法なんです」

ツヴィリングのクラシック料理バサミは、1938年に生まれたロングセラー。最初に使ったときは「切れ味がキッチンばさみの概念を超えている！」と思ったそう。ほどよい重さがあり、厚みのある肉もサクサクと切れます。10年たっても切れ味は変わらずで、レトロな見た目もお気に入り。

「韓国では、キッチンばさみを包丁代わりに使い、調理中でも食卓でもなくてはならないもの。子どもが小さいとき、外食をした店で料理を小さく切りたいから、料理ばさみを持ってくればよかったな、と思ったことが何度もあるくらい」

DATA

商品名	クラシック料理バサミ
メーカー名	ツヴィリング
サイズ	長さ20cm
素材	ハイカーボンステンレススチール（刃）、ステンレス鋼（ハンドル）
使用年数	約10年

ドイツ製の最高品質の造りで、硬度や切れ味が持続。栓を抜く、缶やネジ蓋を開ける機能も。色は赤もあり。

使い方

／フライパンと料理ばさみで＼

●チキンソテーを作る

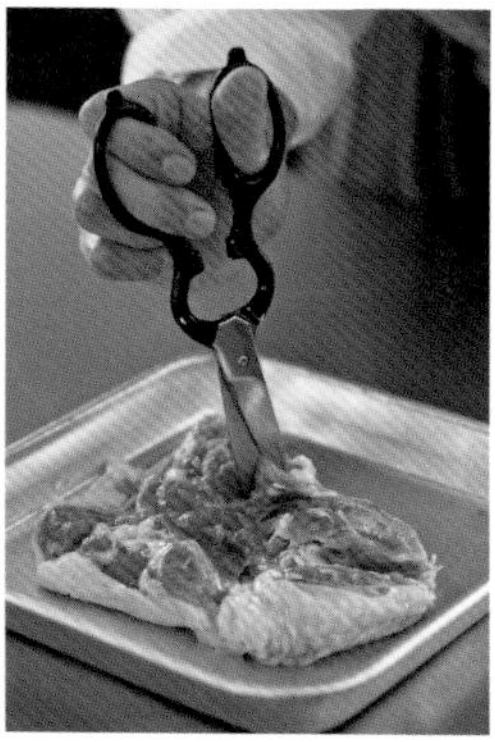

鶏もも肉は、筋肉に沿って筋があるので、それを切り離すように何か所かにはさみを入れる。肉の厚みがある部分を切ると、まんべんなく火が入り、食べやすくなる。はさみの方が切りやすく、手も汚れない。

鶏肉の身の部分に塩を振ると、水分が出てしまうので、水が出にくい皮のみに振る。フライパンを中火でよく熱してから、皮目を下にして入れる。途中、焼きむらが出ないように、フライパンの側面を使ってまんべんなく皮を焼く。

8分ほど焼き、皮がこんがりとしていい焼き色になったらひっくり返すタイミング。ここで、身の部分に塩を適量振り、上下を返す。裏面はさっと2～3分焼けばOK。

両面が焼けたら、料理ばさみで肉をカット。初めに半分に切り、大きい方を3等分に、小さい方を2等分にカットすると食べやすい大きさに。断面の焼き具合を見て、足りないようなら軽く焼く。

皮はカリッカリ、
身はジューシーに
焼きあがりました。
ぜひお試しを！

鶏肉を器に盛り、粗びき黒こしょうを振る。かぼすやレモンなど、柑橘類を搾ってもおいしい。

KITCHEN TOOLS

5

スッカラ

小さなフライ返しとしても使える

韓国のスプーンとしておなじみのスッカラも、調理道具として使われています。

「薄くて平たいので、何かをひっくり返すのにちょうどいい。ジョンを作るときは必ず使いますし、餃子の焼き色を見るときにも便利なんです。じゃがいもを焼くときに、でんぷんで引っつくとゴムべらでは返しづらいですが、これを使えば大丈夫」

ただ、新しく作られている商品は、いわゆる、通常のスプーンの形に近いのだとか。

「韓国の市場の金物屋さんに行くと、古くて色もくすんだスッカラが大量に出てきて、掘り出し物に出合えることも。磨くとピカピカな状態に戻ります。形もひとつひとつ違うので、好みの形を見つけてみて」

DATA

名称	スッカラ
製造地	韓国
サイズ	長さ約21㎝
素材	真鍮
使用年数	約20年

それぞれ形や色が微妙に異なるスッカラが10本以上。昔のものは、手作業で作られていて味わいがある。

使い方

●豆腐のジョンを作る

ジョンとは、野菜や肉、魚介類に小麦粉と卵をつけて焼いた料理。薄く切って水気を切った豆腐に、スッカラで薄力粉を振りかけて全面にまぶす。マッコリカップに卵を溶きほぐす。

フライパンにごま油をひいて中火で熱し、豆腐に卵液を絡めてから入れる。こんがりした焼き目がついてきたら、スッカラでひっくり返す。反対側も同様に焼けたら、器に盛る。

韓国では
おもてなし
料理です

器に盛り、酢じょうゆに細ねぎの小口切りと白炒りごまを混ぜ合わせたたれをかけ、糸唐辛子をのせる。豆腐のほか、きのこや野菜、魚介類などでもよく作られる。

KITCHEN TOOLS

6

リベコのキッチンクロス

洗うほどに、くったりとして手になじむ

「愛着度で言うと、これが一番かもしれませんね。気に入りすぎて、キッチンクロスはリベコ一択」ときっぱり。ベルギーのリネンブランドであるリベコのキッチンクロスは、大きめのサイズでしっかりした生地感、そして柄や色の種類も豊富です。けれど、一番気に入っていたタイプは、もう生産中止なのだとか。新しい商品とは柄も生地感も違うので、多少破れていても、まだ使い続けています。

「ガシガシ使って、ブクブク煮沸して、洗濯機でガンガン洗っても、本当に丈夫。15年くらいは使っています。経年変化で色が変わっていくのも楽しめるのは、リベコくらい。新しい商品も取り入れてはいますが、これ、復活してくれへんかな〜と願っています」

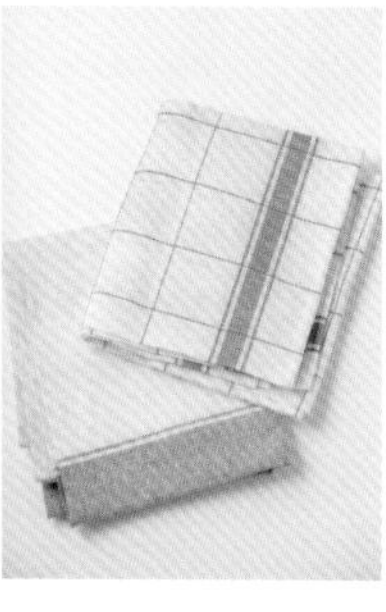

DATA

商品名	キッチンクロス
メーカー名	リベコ
サイズ	縦67×横64㎝（写真上／生産中止）
素材	リネン（コットン混かは不明）
使用年数	約15年

大きめサイズで吸水性抜群。腰の位置に着けて使用。写真右は現在販売中の商品。東京と大阪に取り扱い店舗があるほか、オンラインショップも。

KITCHEN TOOLS

7

小山刃物の包丁

いい包丁を持つと背筋が伸びる

これまで、道具にはこだわらず、むしろ一般的な道具を使って料理を作るべき、と考えていたコウさん。それを変えるきっかけになったのが、この包丁でした。百貨店主催の九州の物産展で、運命の出合いを果たします。

「手にしたときのフィット感や重さ、柄の長さなど、すべてがちょうどいい。また、いろいろなお話を聞くにつれ、この包丁に恥じないように、という気持ちが芽生えました」

年に数回、東京の百貨店の催事に出店されるので、そのタイミングで研ぎにも出します。

「自分の道具くらい自分で研げ、と言われそうですが、プロにお願いすると、驚くほどピシッと切れるようになるし、半年は切れ味変わらず。頻繁に研ぐ必要がなくなるんです」

DATA

商品名	包丁
メーカー名	手打ち刃物おやま／小山刃物
サイズ	（大）33㎝　（中）30㎝　（小）27㎝（全長）
素材	鋼
使用年数	約10年

熊本県で、伝統的な製法で最高級の刃物を作る小さな工房。良質の鋼を用い「割込み鍛造」で作る。現在は百貨店の催事のみの販売で、在庫がある商品は購入可能。

KITCHEN TOOLS

8

中川政七商店の菜箸

細さといい、長さといい、絶妙なサイズ感

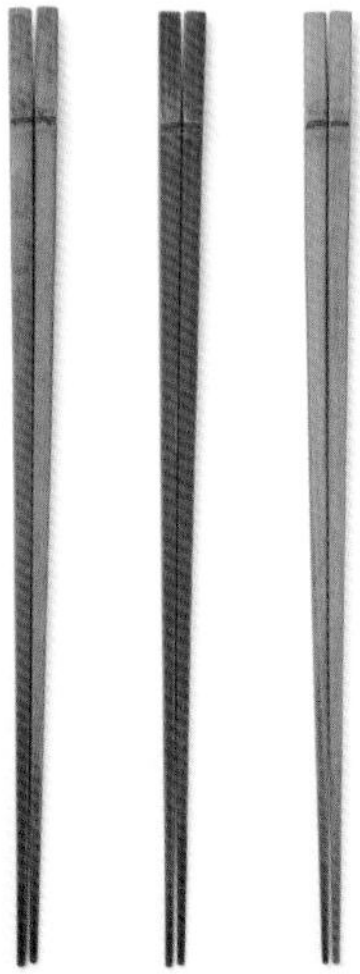

「菜箸って、意外といいものに出合わないんですよ。先が細いものは、盛りつけには向くけれど、炒め物には繊細すぎる。この菜箸は、太すぎず細すぎず、理想的なサイズ感。すべりにくく丈夫で、角度もいいんですよね」

国産の孟宗竹を使い、熊本県で一本一本手作り。軽量でしなりがよく、箸先が四角形なので、炒め物にも盛りつけにも使いやすい。持ち手側の端は平らな面になっているので、やわらかいものでもくずさずにつかめます。

「今使っているものが古くなって使えなくなったら、全部これに替えたいくらい。これ以上、新しいアイテムを増やすことはないかなと思っていたけれど、最近出合った、一番のヒットですね」

DATA

商品名	菜箸
メーカー名	中川政七商店
サイズ	長さ32㎝
素材	孟宗竹
使用年数	約5年

奈良県で、300年以上続く老舗。九州の孟宗竹で作られた菜箸は、持ち手側に竹の節を配するデザインも特徴。長めのサイズで、鍋物の取り箸にも。

KITCHEN TOOLS

9

ミニサイズのゴムべら

たれを混ぜるには小さめがベスト

「小は大を兼ねる」とは、ゴムべらで最初に気づいたこと。ちょっとでも大きいと使いづらいけれど、小さい分には問題なし。

「韓国料理やアジア料理を作るとき、たれを混ぜ合わせることがとても多いんです。そんなときに、小さなゴムべらの出番。小さいサイズは機動力があって便利ですね」

無印良品、100円ショップなど、メーカーを問わず、用途によってさまざまなサイズを持っていますが、特に、ブランシェ・アソシエのミニサイズのスパチュラは優秀。

「白と黒を持っていて、料理によって使い分けています。韓国料理ではコチュジャンをよく使うので、黒だと赤い色が目立たなくていいというメリットもあるんです」

DATA

商品名	ソウ スパチュラ ミニサイズ(写真右)
メーカー名	ブランシェ・アソシエ
サイズ	長さ15×幅3cm
素材	シリコン(耐熱温度280℃)
使用年数	約15年

ミニサイズの白いスパチュラはブランシェ・アソシエのもの。黒くて大きめの方は、100円ショップで購入。たれを混ぜる容器はマッコリカップ(p.78)がちょうどいい。

自然素材だけでできている道具はいつまでたっても丈夫なままで、結果的に長く使えるんです。

按田優子さん

その人が持っている道具で、普段、何を作っているか、どういう食生活をしているかがわかります。按田さんは、いわゆる便利な道具はほとんど持っておらず、昔からずっと変わらないシンプルなものばかり。道具に頼らないからこそ、自炊力が上がる。人間が「食べていく」ために、一番必要なことかもしれません。

PROFILE

あんだ・ゆうこ

東京生まれ。料理家、按田餃子店主。製菓製パンの会社に勤務し、工房長、カフェ店長などを経て独立。2014年4月、写真家の鈴木陽介氏と共同で、按田餃子を東京・代々木上原に開店。現在は代々木上原パワー店、三浦工房直売所の3店舗を経営する。JICAの仕事で、食品加工専門家としてペルーに何度か滞在するうちに、どこでも生きられる知恵を身につける。現在、神奈川県の三浦にも生活拠点をおく。

「しまい込むと使わなくなってしまう」から、台所道具は基本、可視化できるように収納。広い作業台は、スチールラックの上に板をのせたもので、収納スペースも兼ねている。

右上／ごく一般的なサイズのキッチン。洗った道具は棚に置いて自然乾燥。中央／冷蔵庫はひとり暮らし用の背の低いタイプだが、スチールラックにのせて高さを上げ、取り出しやすくしている。道具を棚にのせたり引っ掛けたりして、乾かしながら収納。左／棚には、さまざまなサイズの土鍋やシートヒーラー(p.117)、パンをこねる器具など、よく使う道具がずらり。

自分が使いこなせない
スペックの道具は必要ない

台所に一歩足を踏み入れると、なんだか時代を遡ってしまったような、それでいてどこの国とも思えないような異国感もある。それは、なぜなんだろう？　よくよく見ると、調理道具は陶器か、ガラスか、木か、鉄のものばかり。一般的なステンレスの鍋やフッ素樹脂加工のフライパンはひとつも見当たりません。

「道具に求めるものは、長く使えるかどうか。なるべく自然の素材で作られたもの、そして、ひとつの素材で作られたものに惹かれます。取っ手だけプラスチックといった鍋は、そこの部分が欠けたり溶けたりすると使えなくなるし、オーブンにも入れられない。汎用性があって、理にかなったデザインが好きですね」

素焼きの鍋でみそ汁を作り、小さな土鍋でごはんを炊く。ガラスの鍋で豆や野菜をゆで、せいろで肉や野菜を蒸し、鉄のフライパンでパンケーキを焼く。炒めたり揚げたりする調理はほとんどやらず、だからこそ、必要な道具も少なくて済みます。

「今の調理家電って、ホテルやレストランの料理に近いレベルのものができたりしますよね。それで、料理上手になった気にはなれるけど、私は『それが使えない環境』に遭遇したときのことを考えてしまいます。たとえば災害時や、キャンプに行ったときなんかもそうです。道具はハイスペックで頑張っているけど、その分、自分がローになっていくんじゃないかな、と」

それよりも、毎日同じ鍋でごはんを炊いて、水加減や火加減を感覚で知っている方が、自分の料理のスペックは上がる。

「理屈がわかっていれば、応用がききます。道具は自分がコントロールするためにあるものなので、能力以上の道具は要らない。そう考えると、必要なものはそんなに多くはないはずなんですよ」

高性能な道具を手に入れて、便利になることはあるかもしれないけれど、逆に、それを手放して変わる（わかる）こともある。

「オーブンレンジやフッ素樹脂加工のフライパンは、使ってみて私には必要ないとわかったけれど、中華鍋は穴が開くまで毎日のように使って、今は二代目です」

KITCHEN TOOLS

1

ガラスの耐熱鍋

鍋中が見えるから便利。オーブンにも使える

按田さんの台所には、ステンレスやアルミの鍋が一切ありません。その代わりに使っているのが、土鍋やガラス鍋。特に、ガラスの耐熱鍋は、直火にかけられるほか、オーブンにも使えるのが便利だそう。

「豆を煮るのは、やっぱりガラスの鍋がいいですね。蓋を開けなくても、水位がどのくらい減ったかわかりますし、沸騰しているかどうかも見えるから。私は、これにパン生地を入れて発酵させ、鍋ごとオーブンに入れてカンパーニュをよく作ります。発酵具合が見えるのでわかりやすく、表面が乾燥しすぎずに、上手に焼けるんです」

実はこの鍋、フランスのビジョンというブランドのもので、80年代から売られているちょっぴりレトロ感のある鍋。

「昔からこの鍋は持っていましたが、最近では、よく行くリサイクルショップで見つけることも。『ガラス鍋、ほしいんですよ』と言う若いスタッフにあげたりしています」

DATA

商品名	ビジョン クックポット
メーカー名	コレールブランズ
サイズ	直径18.5（持ち手含まず）×高さ10㎝（蓋は含まず）
素材	超耐熱ガラス
使用年数	約15年

1983年にフランスで誕生した鍋。レトロなデザインとアンバーカラーが若い世代にも再注目されている。

使い方

ガラス鍋を使って

●パンを焼く

「あるとき、鍋でパンを焼く方法を知り、この鍋で焼いてみたら、とても上手に焼けたんです」。こねたパン生地を鍋に入れ、発酵してきたらオーブンへ。

焼けてふくらんでくる様子も、ガラスの鍋ならよく見える。焼けたら熱いうちに取り出して冷ます。「実は、按田餃子の餃子皮で作ったパンなんですよ」。

●おひたしを作る

野菜をゆでるときには、深型が大活躍。ちなみに、深型は友人からもらったもの。本日は、かぶとセロリと油揚げのおひたし。別々にさっとゆでて、だしじょうゆにひたし、味をしみ込ませる。

ある日の食卓

夏のある日のお昼ごはん。具だくさんのそうめんと、おひたしが並びました。

めんつゆにトマト、きゅうり、えごまの葉（青じそでも）、パプリカ、セロリなどの夏野菜と炒りごまを入れ、スクランブルエッグを加えた具だくさんのつけ汁。食欲のない夏にぴったりの栄養豊富なメニュー。

KITCHEN TOOLS

2

薄っぺらいしゃもじ

しなりがよく、ゴムべらのように使える

按田さんはしゃもじコレクター。台所には、自分で買ったものから人にもらったもの、観光地や海外のおみやげものまで、しゃもじが何十本も置いてあります。中でも、「この形が一番使いやすい！」と手放せないものがこちら。

「17年くらい前に、通りすがりのスーパーでやっていた青森の物産展で買いました。その頃の自分の経済状態から考えると、２０００円のしゃもじは高かったわけですが、『いつもよりいいものを選ぼう』という気持ちだったと思います」

買ったときは、そこまで考えていなかったものの、使い始めたら、この薄さと、頭の部分がやや平らになっているのが、ゴムべらのように使いやすいと気づきます。

「この形と同じものが売っていないので、知り合いの木工作家さんにお願いして、何本か作ってもらったほど。ガサガサしてきたら、やすりで削るときれいになるので、お手入れをしながら使っています」

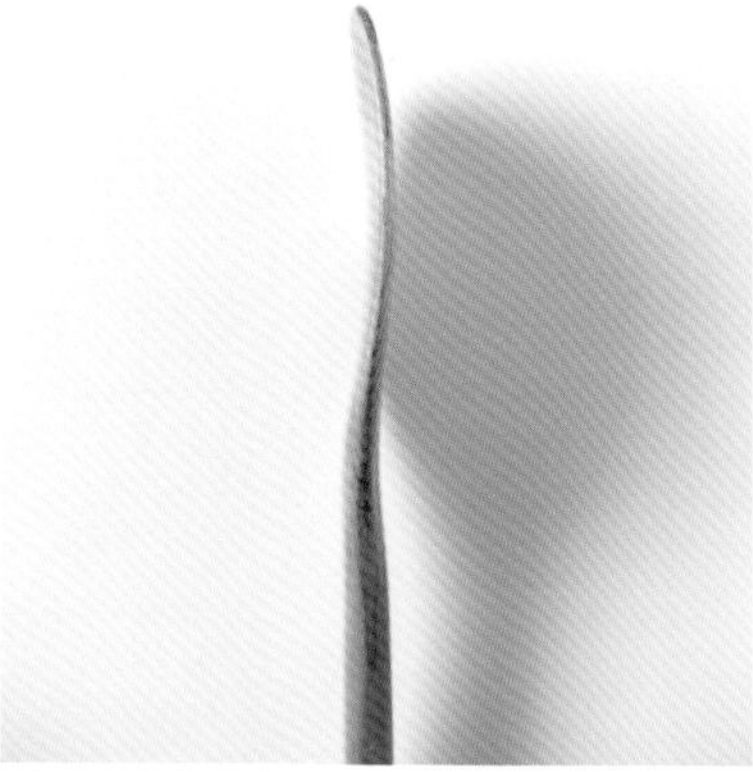

DATA

名称	しゃもじ（左ページ写真中央）
製造地	青森県
サイズ	長さ20.5×幅6㎝
素材	青森ひば
使用年数	約17年

左ページの写真中央が青森物産展で手に入れた青森ひばのしゃもじ。左右は知人にお願いして作ってもらったもの。

KITCHEN TOOLS

3

素焼きの鍋

常温保存でもおいしさ長持ち

毎日のように使っているみそ汁用の土鍋は、10年ほど前に、かっぱ橋で買ったもの。香港の飲食店で人気の土鍋ごはんに使われるような形とサイズ感で、なんと200円くらいだったとか。

「最初はこれでごはんを炊いていたんですが、蓋が割れてしまって。でもみそ汁にちょうどいいかなと思って、それから汁物用の鍋として使っています。気化熱の効果なのか、夏に常温で出しっぱなしにしていても、1日くらいなら中の料理が傷まないんです。油を使う料理には使わないので、洗うときは石けんもつけず、たわしでさっと洗うだけ」

この鍋がみそ汁用になったため、ごはんを炊くのは別の土鍋で。そちらはもう18年くらい使っています。

「毎日のように、同じ鍋でごはんを炊き、みそ汁を作る。そうすると、水の量はどのくらい必要で、火力はどのくらいで何分など、体が覚えていくんです。同じ道具を使い続けると、そういう意味でらくですし、失敗しなくなりますね」

DATA

名称	素焼きの鍋
メーカー名	不明
サイズ	直径19×高さ8㎝
素材	陶器
使用年数	約10年

外側が素焼きで、中は釉薬がかかっている。香港名物の土鍋ごはん、ボウジャイファンに使う小鍋だと思われる。

使い方

土鍋を使って

●ごはんを炊く
●みそ汁を作る

普段のごはん作りの様子。一方のコンロでごはんを炊く間に、もう一方のコンロでだしをとり、みそ汁を作る。

煮干しでとっただしに具を入れて煮たら、みそを溶く。みそのパックに直接しゃもじを入れてこそげ取り、そのまま鍋に入れて溶かせば、使う道具はしゃもじだけ。

しゃもじや木べら、菜箸、餡べらなどよく使うものは、コンロ横に立てて。すべて木の素材で統一している。

2合のごはんが炊きあがり。みそ汁を作ったしゃもじでごはんも混ぜる。汁気がついているから、ごはん粒がくっつかなくていい。

ごはんとみそ汁が完成。この日は、モロヘイヤと油揚げのみそ汁。

KITCHEN TOOLS

4

マグカップごと入れられる 深型のせいろ

台所道具の紹介記事で、必ずと言ってもいいほど挙がってくるのが、せいろ。丁寧な暮らしの代表的道具のようなイメージがありますが、按田さんにとっては、気楽な道具。

「多少時間を長くかけすぎても状態があまり変わらず、いい感じで蒸されているので、放っておけるんです。これよりも浅型のせいろが一般的ですが、私は中に容器を入れて蒸したいから、深い方がいいなって」

野菜を蒸すついでに、水に浸した豆を入れたり、鶏肉に酒を振って酒蒸しにしたり。

「脂がつくような食材を入れないので、洗わずに湿った布で拭く程度。それよりも、使い終わったら、完全に乾かして水分を飛ばすこと。お手入れのコツはその程度です」

DATA

商品名	せいろ
メーカー名	照宝
サイズ	(本体)直径約24×高さ約9㎝(蓋は高さ約5.7㎝)
素材	白木
使用年数	約16年

使ううちに色が濃く、味わい深くなる。蒸し板とセットで使うと、どんなサイズの鍋にも合う。現在の商品はデザイン変更あり。

いくつもの食材を一度に入れて蒸すことが多い。今回は、鶏肉（酒蒸し）、水に浸したひよこ豆、里いも、れんこん、そして卵。

以前は中華鍋にのせて使っていたが、鍋底に穴が開いてしまったため、現在は浅型のガラスのキャセロール＆蒸し板にのせて。

最初に一段セットを購入後、もう一段を購入。木の板にくぎを打ったところに、引っ掛けてしっかり自然乾燥させる。

浅い鍋だと早く湯が沸くので経済的。しっかり蒸気が上がってから食材を入れ、ちょうどよく蒸しあがったものから取り出す。

KITCHEN TOOLS

5

鉄のフライパン

実家でもずっと使っていた40年もの

持っている道具のほとんどが、長く使い続けているものですが、これは別格。実家でずっと使っていたものを、ひとり暮らしをするときにゆずってもらったものだそう。

「6人家族だったので、この小さいフライパンは使わないからどうぞ、っていう感じで。近所の金物屋さんに売っているような、特になんてことないフライパンだけど、壊れないし、なにかと使いやすいので、世代を超えて40年くらい現役で活躍しています」

油がしみているから、パンケーキなどは油をひかなくてもくっつかず、焼き色もきれい。ちょっとした揚げ物にも使います。

「お湯とたわしでゴシゴシ洗って、引っ掛けておくだけ。手入れが簡単なのもいいところ」

DATA

商品名	キングパン
メーカー名	中尾アルミ製作所
サイズ	直径22（全長43）×高さ5.5㎝
素材	鉄
使用年数	約40年

創業60年。プロ用から家庭向きまで、さまざまな鍋やフライパンを製造。東京・台東区のかっぱ橋などに直営店あり。

使い方

●パンケーキを作る

ごはんを炊きたくないときは、甘くないパンケーキを主食にして、おかずと一緒に食べることが多い。しっかり熱したら、油はひかずに生地を流し入れる。

お手入れ

鉄のフライパンはお手入れが面倒と言うけれど、洗剤は使わずたわしでごしごしこするだけ。洗ったらそのまま板にかけておけば、自然に水が切れてすぐに乾く。

使ううちに、油がかたまって黒いこびりつきができたら、火にかけて焼き切る。しばらくすると、焦げつきが燃え落ちてきれいに。

KITCHEN TOOLS

6

木のエネルギーが残っている 低温乾燥のまな板

このまな板は、国産の杉を低温乾燥させた木材で作られたもの。住宅用の建材や家具を製造販売している会社で、まな板も売っていたので買ってみました。それから、かれこれ17年ほど使っています。

「通常は80度くらいの熱風で乾かすそうですが、こちらでは45度の超天然乾燥装置を使ってゆっくり乾かすから、酵素が死なず、木のエネルギーが残ったまま。だから、このまな板で切ると体によく、おいしいんですよ、という言葉に惹かれました」

大きすぎないサイズと厚みがあるのも気に入っていて、汚れが気になったら、電動のサンダーで削ってから天日に当てると、きれいな木肌が出てきて、末長く使えます。

DATA

名称	「黒杉」まな板
発売元	アイ・ケイ・ケイ（株）愛工房
サイズ	長さ30×幅14×高さ3.5㎝ ＊その時の素材によって各サイズあり。
素材	杉（黒芯）
使用年数	約17年

超天然木材乾燥装置「愛工房」で乾燥。酵素が損なわれず呼吸する、生きた杉板。

KITCHEN TOOLS

7

大きい盤台

バット代わりに、何にでも使える

盤台なんて、大人数のすしを作る以外、使い道なんてないと思っていませんか？

「購入したきっかけは、イベントで助六ずしを出すため。ヤフオクで1000円くらいで手に入れたのですが、その後、この大きさが多用途に使えることがわかりました」

たとえば、何種類かの野菜を使う場合、洗った野菜をまず置き、切ったらまた戻し、ゆでたものも置く。要はバットに食材ごとに分けて置くのではなく、これひとつを「何でも置き場」のように使えるのがいいのです。

「稲荷ずしを作るときにも、この中で酢飯を作り、空いたスペースに稲荷の皮を置き、詰めたものもここに置く。ひとつですべての作業が完結するのが、使いやすい理由です」

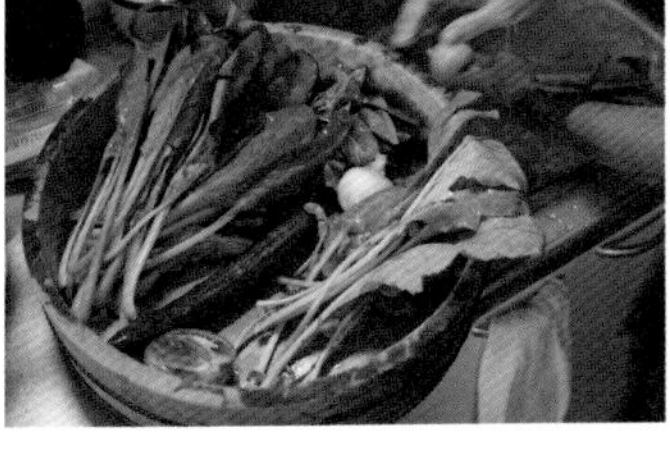

DATA

名称	盤台
メーカー名	不明
サイズ	直径40×高さ11㎝
素材	木材
使用年数	7～8年

野菜くらいにしか使わないので、内側をさっと洗ったら、しっかり乾かしておく。しまい込むと忘れるので、冷蔵庫の上の棚へ。

KITCHEN TOOLS

8

餡べら

こそげ取るにはこれが一番!

餃子や中華まんを作ったり、和菓子で小豆餡を包んだりするときに使う餡べら。スパチュラのように使えて、重宝しています。

「特に、フードプロセッサーで何かをペーストにしたとき、それを取り出すのに角度がぴったりでちょうどいいんです。ほどよい長さがあるのも使いやすい理由ですね」

パンケーキを焼いて、ひっくり返すときにも(p.113)、こちらが登場。ステンレス製も売っているけれど、木ならではの当たりのやわらかさがあるので、手放せません。

「台湾か中国に行ったときに見つけて、その後も、好きな形が見つかるたびに、徐々に増やしていきました。日本では手に入らないので、知人に作ってもらったりもしています」

DATA

名称	餡べら
メーカー名	不明
サイズ	右から長さ21㎝、27㎝、23㎝
素材	木材
使用年数	約12年

フードプロセッサーの形にぴったりで、長さもあるからすくいやすい。旅先で購入したものと、知人に作ってもらったものを合わせて全部で5本くらい持っている。

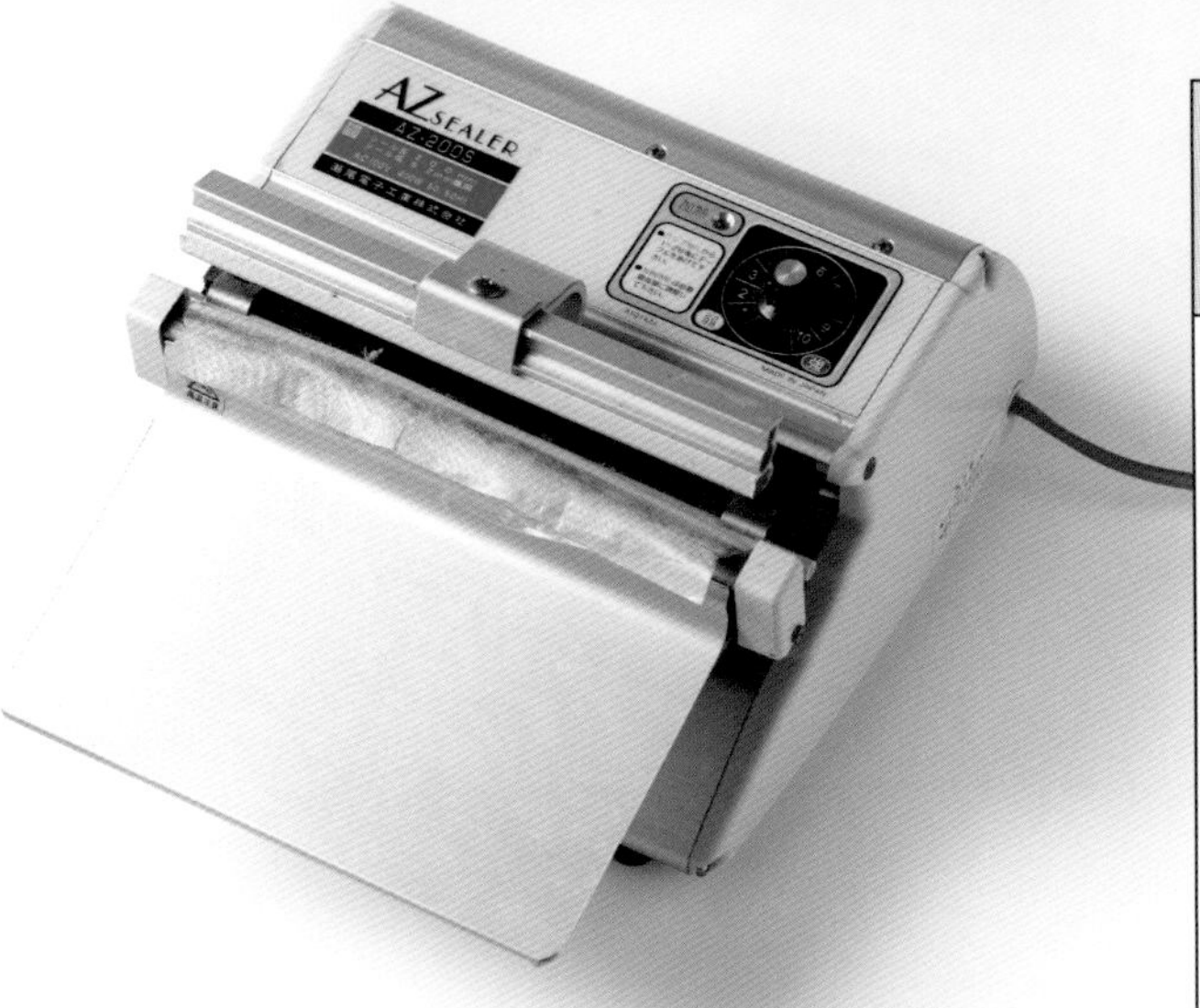

KITCHEN
TOOLS
9

密封パックがすぐできる
ヒートシーラー

ヒートシーラーとは、熱を加えてビニールを圧着できる機械のこと。見た目は業務用の器具のように見えますが、これは一般家庭にも使える商品。一家に一台あるととっても便利な、おすすめアイテムです。

「封を開けてしまったものを、あっという間に再度密封できます。コーヒー豆は酸化が防げるし、ポテトチップスは封をすると抑止力になります。たとえば、塩などの食品が入っていた丈夫な袋に残ったスープを入れて、パックして冷凍保存することも。これがあると、液体の冷凍ストックがすぐに作れて、漏れる心配もないんです」

氷を入れてパックすれば、氷枕にも。アイデア次第で使い道が広がりそうです。

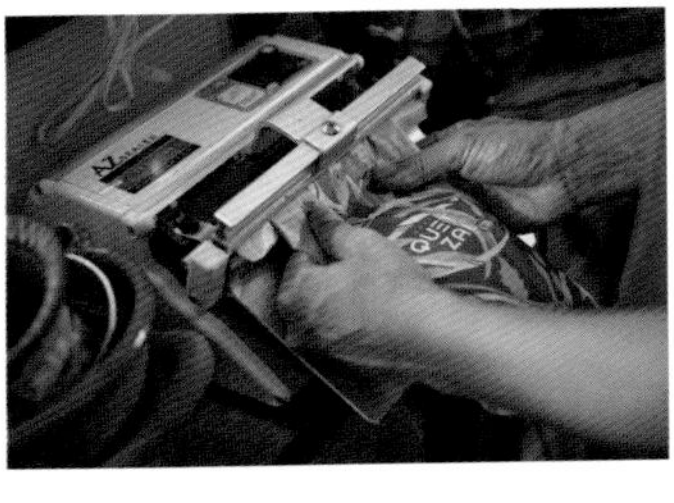

DATA

商品名	AZシーラー卓上型 型番AZ200W
メーカー名	朝日産業
サイズ	幅23×奥行25×高さ11.5㎝
使用年数	約15年

15年ほど前に、梅干しを袋で漬けるときに使い始めたのがきっかけ。日常的に使い始めたのはここ4年くらい。テーブルにのせて力をかけるだけと、使い方もシンプル。

おさだゆかりさんが案内する

北欧ヴィンテージ台所道具

通い始めて20年あまり。まだまだ、出合いにときめきます。
丈夫で、使い勝手がよくて、デザインが洗練されていて。
彼らが作り、次の世代に大切に渡してきた道具が、
距離も時代も遠く離れた私たちの心に響く理由。
それは、「台所を、長く過ごす家の中を、心地よく彩りたい」
という、その気持ちに打たれるからだと思うのです。

PROFILE

おさだ・ゆかり

１９９９年、会社員時代に初めてスウェーデンを訪れ、その魅力を知る。２００４年に退職、半年ほど北欧で過ごし、スウェーデンの手工芸学校にも滞在。２００５年に北欧雑貨店「SPOONFUL」を立ち上げる。以来、1年の⅙ほどは買い付けに出かけ、現地との強いつながりを持つ。北欧雑貨に関する著書多数。近著に『北欧スタイルでたのしむインテリア』（筑摩書房）。
https://spoon-ful.jp/

おさださん宅にお邪魔すると、
もうそこは北欧の世界。台所
の作業台は、お気に入りの小
さなアイテムをディスプレイでき
るようにオーダーで作った。大
好きな木の道具もあちこちに。

北欧の道具に宿るのは、暮らしを楽しもうとする精神

２００５年に北欧雑貨のオンラインショップ「SPOONFUL」を立ち上げ、その魅力を発信し続けるおさださん。もちろん、台所道具も北欧生まれのものばかり。しかも新品として手に入れた道具は、ほとんどないのでは、と話します。

「北欧全般、特にスウェーデンでは、セカンドハンドをリユースするシステムが盛んなんです。使わなくなったら、中古品店へ持っていく。そして何か必要になったら、まずそこで探す。彼らは、捨てることも買うことも、簡単にはしないんですよ。リサイクルではなく、リユース。それって一番、シンプルで気持ちいいですよね。リサイクルには何かしらのエネルギーが必要になりますが、リユースにはそれもありませんし」

これは60年代のもの、これはきっと50年代あたりのもの……と、おさださんが日常使いする道具の生まれた年代を伺いながら、驚くのはそのデザインの普遍性。今も決して古びた印象ではなく、それでいて漂うのは、現代ではもう生み出せないようなおおらかさ。目を引かれる著名なデザイナーの作品もあれば、メーカーの名前すらわからないような、それでいて秀逸な姿をしたものもたくさんあります。

「50年以上も前に、誰かの台所で使われていたものがそのまま、ここにあるという状態。これは、一部の骨董好きの人たちだけがものを大切に回しているだけでは、不可能なことだと思うんです。暮らす人全体が、その循環システムの中にいる。だから、他の国に比べると、スウェーデンのヴィンテージアイテムは枯渇していくことはないと思っているんです」

カラフルな鍋や食器類の印象が強い、北欧の台所道具。その理由について、「やはり、日の光が届きにくい冬の期間が長いからでは」と話します。

「スウェーデンにはフィーカという習慣があり、お茶を飲みながら、おしゃべりを楽しみます。彼らにとっては、いかに家の中で快適に過ごすかが、とても重要なんですね。そのために考え抜かれたデザイン、色合いであることが、環境の違う日本で暮らす私たちの気持ちにも響く、大きな理由なのではと思います」

上／壁付けの棚はダイニングからよく見える場所なので、ディスプレイも兼ねて、ときどき模様替えを。右上／“つい、クスッとさせられるもの”にも弱い。右下／こまごました食器はスタッキングして引き出しに。左／来客へのウェルカムドリンクは、イッタラ社「ツンドラ」のヴィンテージグラスで。

フィーカのテーブル

スウェーデンでは、ちょっとした気分転換に
甘いお菓子をつまみながら、コーヒーやお茶を１杯。
オフィスでも、フィーカの時間となれば
しばし仕事の手を休め、リラックスします。

取り分けプレートは、アラビア社時代に作られたヴィンテージの「ティーマ」を。木製コースターにのったグレーのシックなタンブラーは、フィンランド最古のガラス工房といわれるヌータヤルヴィ社のヴィンテージ。

FIKA

1 おさださんはコーヒーよりも紅茶派。お湯を沸かすのは、古いパイレックスのポット。2 茶葉はシラカバの幹を使ったキャニスターに。3 この日は、ティーセンターオブストックホルムで買ったカルダモンティーを。4 ステンレスポットはOPA社のティモ・サルパネヴァによるデザイン。

ガラス製のティーポットは、シグネ・ペーション・メリンのデザイン。ウォーマーとのセットで使用。

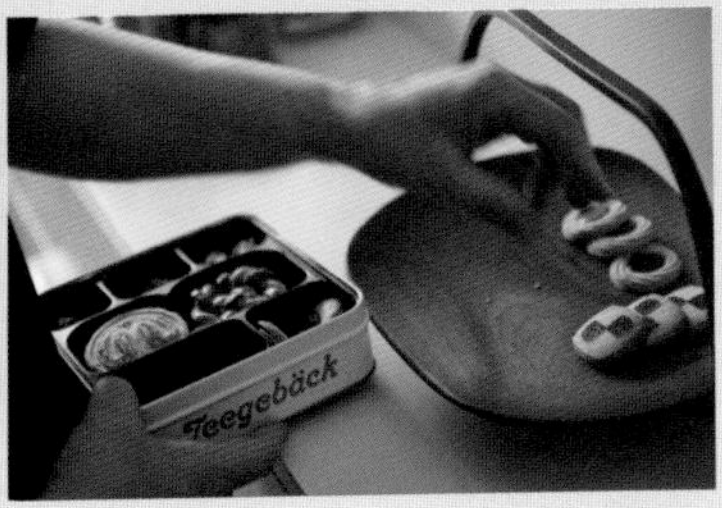

クッキーを並べるのは、スウェーデンのダーラナ地方のセカンドハンドショップで見つけたハンドル付きのチーク材のトレイ。いちじくは、ヴィンテージのオーバルプレートに、手でさいて盛る。

クロスは、マリメッコ社のマイヤ・イソラによるデザインの「ハルカ」のテキスタイルを。いちじくや紅茶の色に合わせてセレクト。

アラビア社の「EGO」のヴィンテージプレートに、ヴィンテージのグラスを重ねてブルーベリーを。いちじくは、ティモ・サルパネヴァのヴィンテージボウルに取り分け、マスカルポーネチーズを添えて。

ランチのテーブル

脂がのったサーモンのミルクスープに
どっしりとした黒パンと簡単なサラダ。
クロスとスープの色に合わせて、
お鍋はフィネル社の白をセレクト。
温かなイエローの器が、食卓のアクセントに。

サラダボウルは、1920年代のスウェーデンのアンティーク。クロスはマリメッコ社のマイヤ・イソラによるデザインの「サイレーン」。ところどころに木製のアイテムを差し込んで。

LUNCH

LUNCH

ランチの準備

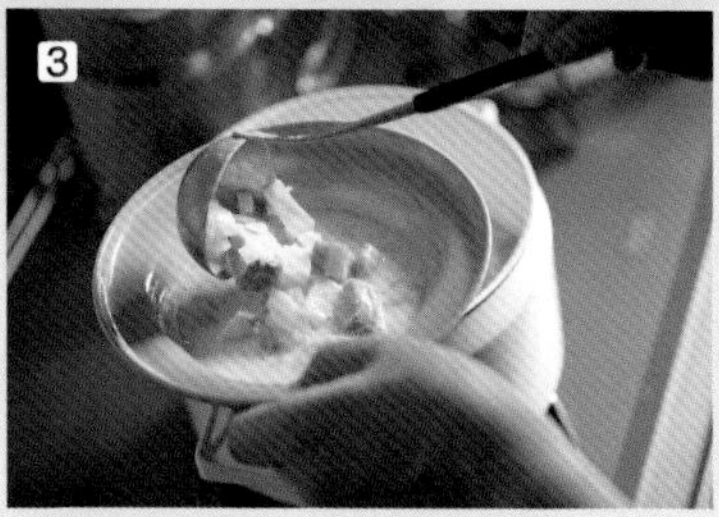

❶サーモンスープは、港に屋台が出ているほど、フィンランドではおなじみ。玉ねぎ、にんじん、じゃがいもをバターで炒め、水を注いで沸かしたら、サーモンを入れてひと煮立ち。牛乳を注ぐ。❷ちょっと味見をして、塩、こしょう。❸スープボウルは、アラビア社のヴィンテージ。どこか懐かしい色合い。❹サーモンスープに欠かせないディルを散らして完成。

たっぷりできました

「北欧のホーロー鍋は、内側が白くて、料理の色合いがよく見えるのがいいんですよ」

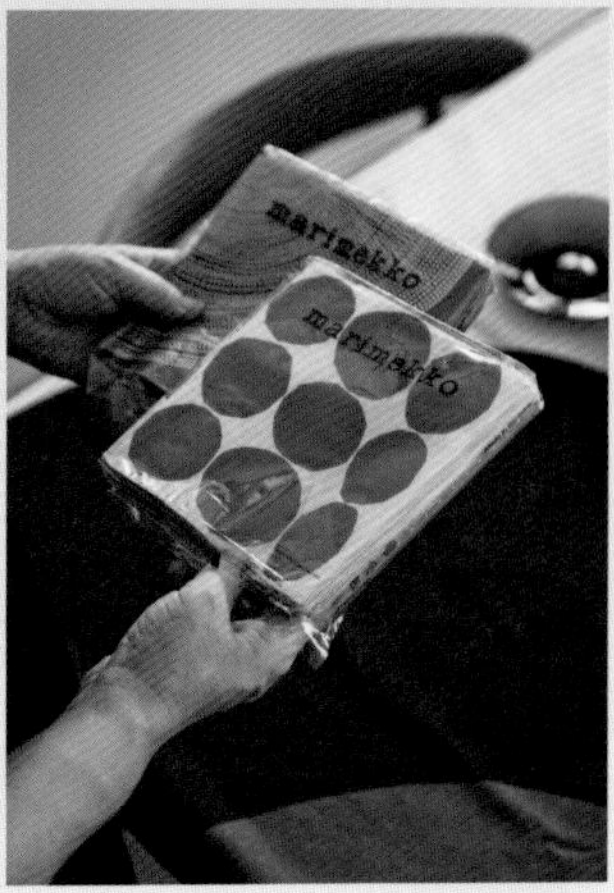

日本ではあまり使われないけれど、ペーパーナプキンは
欠かせない。マリメッコのものをスーパーでまとめ買い。

サラダサーバーは、ノルウェー製。
華奢なワイングラスはオレフォス
社のヴィンテージ。

お茶の道具いろいろ

気づけば増えているカップ類。基本は無地を選ぶけれど、時に大胆な柄ものに惹かれることも。

TEA

左はグスタフスベリ社の「STINA」、右は同じく「レッドアスター」と「ブルーアスター」。デザイナーはすべてスティグ・リンドベリ。四つ葉をモチーフにした「STINA」は、すでに廃番となり、入手困難に。

初めて買った北欧の器がティーマだったこともあり、特にアラビア社時代のものには愛着が。現行モデルにはないタンブラーは、スタッキングもできて便利。「ミルクピッチャーは大きめなので花器としても」。

フィーカのテーブル（p.122）に登場するティーポットと同じ、シグネ・ペーション・メリンの作品。こちらは個人アトリエで制作されたものでなかなか出回らないもの。「質感もデザインもどこか日本的です」。

仕事に関係なく、つい買ってしまうのがミルクピッチャー。ミルクを入れるだけでなく、ドレッシングやしょうゆを入れて卓上で使うことも。「片口のデザインに目がないんです」。おもにアラビア社の古いもの。

鍋いろいろ

北欧の鍋は、内側が白いホーローが主流。そのまま食卓に出せるデザインと色合いが魅力。

POT

フィネル社のセッポ・マッラトによるデザインの片手鍋。「蓋には小さな穴がいくつか開いていて、これは野菜をゆでたとき、効率よく湯切りするためのもの。北欧の台所道具は、デザインだけでなく実用的！」。

フィンランドのホーロー鍋。特に著名なデザイナーが手がけたものではないけれど、ネイビーの色合いと、ユニークなデザインに惹かれて。「きっと、スタッキングなどを考えたデザインだったのでしょう」。

片側にだけ持ち手がつき、ころんとかわいらしいフォルムと細めの銅製ハンドルが印象的。「カイ・フランクによるデザインです。初期に作られたもので、現地でも滅多に出ない珍しいものです」。

ガラス製品のデザイナーとして名を馳せるティモ・サルパネヴァによるイッタラ社の名作鍋。黒はよく見かけるけれど、このオリーブ色はレア。取り外しできる木製のハンドルは持ち運びだけでなく、蓋を開けるときにも使う。

カトラリーいろいろ

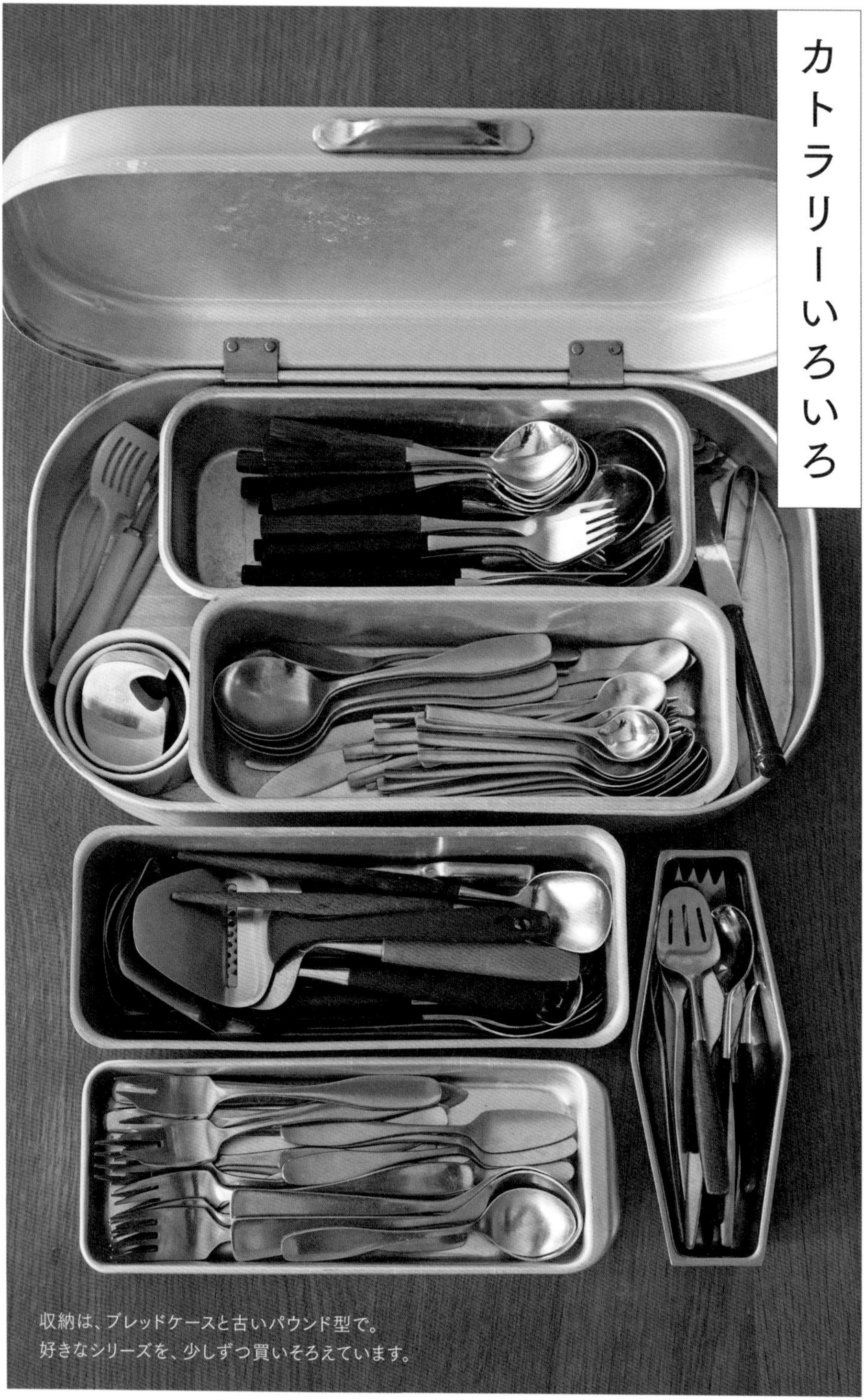

収納は、ブレッドケースと古いパウンド型で。
好きなシリーズを、少しずつ買いそろえています。

CUTLERY

こちらの3本が初めて手に入れた北欧カトラリーで、スウェーデンのニルス・ヨハン社の「Singoalla」シリーズ。日本にはない、木製ハンドルがいかにも北欧らしい雰囲気。デザイナーはアダム・シルストゥルップ。

黒い樹脂ハンドルのカトラリーは、買い付け初期に手に入れた思い出の品。デンマークのルンドトフテ社の「オープス」シリーズで、デザイナーはノルウェーのティアス・エクホフ。のちに木製ハンドルも購入。

ストックホルムのアンティークショップで見つけたもの。デザイナーはシガード・パーション。「スウェーデンの硬貨、5クローネのデザインをしたのも彼なんですよ」。柄が細くくびれたエレガントなスタイル。

セカンドハンド店でもマーケットでも、木製ハンドルのものはつい手に取ってしまうというおさださん。大きめのサラダサーバーはノルウェーで、小さめの子ども用サーバーはスウェーデンで見つけたもの。

ガラスいろいろ

北欧のガラスは、色つきのものもたくさん。どれも繊細に見えて、実用に耐えうる丈夫さがある。

GLASS

シグネ・ペーション・メリンによるティーポットは日本のショップでも時折見かけるけれど、こちらのコーヒーポットのセットは相当な希少品。「ハンドルに亀裂が入っているのですが、大切に使っています」。

「カルティオ」は今年60周年を迎えるロングセラー。ヴィンテージは現行シリーズよりも薄く繊細な口当たり。色合いの美しさは、さすがガラスを知り尽くすイッタラ社ならでは。デザイナーはカイ・フランク。

北欧では、普段使いできるカジュアルな印象のステムグラスがたくさん見つかる。すっきりしたシルエットのグラスは、デンマークのもの。このデザインは、スタッキング可能なのもうれしいところ。

カイ・フランクがデザインしたヌータヤルヴィ社の花器「サルガッソ」。息を吹き込んでふくらませる独自の製法で、もちろんすべて手仕事により作られたもの。「どっしりしたたたずまいがとても好きで他のアイテムも集め中」。

木のアイテムいろいろ

シラカバの幹を使い、曲木の手法で作られるキャニスター。「80代の職人さんが作っているもので、ストックホルムの手工芸店で少しずつ買い集めています」。

トレイはすべてスウェーデンで作られたもの。右上と魚の形のものはヴィンテージ、それ以外は上のキャニスターを作っている職人さんの作品。「木の道具は、少しずつ風合いが育っていくのが楽しいですね」。

スウェーデンのダーラナ地方の木工作家による作品。「オーラの作品に出合ったのは、何度か滞在した手工芸学校のショップでした。以来、買い付けのたびに訪ねます。彼の作るカッティングボードも素敵」。

WOOD

北欧といえば鍋やガラス、磁器、陶器に注目しがちだけれど、木製の台所道具にも美しいものが数多くある。素材はほぼアカマツかシラカバ。どれも“手の跡”を感じる、温かな逸品。

思い出の道具とエピソード

これまで紹介した道具たち以外に、思い出の詰まった、手放せない道具があります。

子どもの食事には必需品の
トレイ

子どもの食事はイイホシユミコさんのアルミトレイにのせて。「長男が赤ちゃんの頃に購入しました。離乳食って、お椀やスプーンやマグなど、一度の食事でこまごましたものをたくさん並べるので、ひとまとめにしないと大変で」。離乳食が終わっても、このトレイがあるとこぼしても大惨事にならないので、ずっと愛用。「今では次男の分も合わせて2枚。子どもが使わなくなっても、長く愛着を持てるデザインと質感で選びました」

本多さおりさん

嫁入り道具の
南部鉄瓶

嫁入り道具として持ってきた、岩手の伝統工芸品である南部鉄瓶は、内側にコーティングを施されていない昔ながらのもの。これで沸かすとお湯がまろやかになり、飲むたびに鉄分が摂取できる。「母が岩手出身なので、結婚のときに持たせてくれたんです。特徴的な装飾もあまりない、一番シンプルなものを選びました。私の朝は結婚以来、この鉄瓶に水を入れて火にかけ、『さあ、今日はどうするか？』と考えるところから始まります」

後藤由紀子さん

新婚旅行で購入した

有次の包丁

後藤由紀子さん

「有次」は、永禄3年（1560年）に刀鍛冶藤原有次が創業した、言わずと知れた刃物の名店。新婚旅行で出かけた京都で購入したペティナイフは、手になじむ大きさで、後藤家のごはんをともに作ってきた相棒。「ずっと、使い続けていますね。名前を入れてもらったので、〝私の包丁〟だと実感できるのもいいんですよね。包丁はいくつか持っていますが、特別な思い入れのある一本といえば、これだと思います」

ホットプレートの付属品だった

へら

今井真実さん

出合ったときにはそんなに意識していなくても、使ってみたら使い勝手がとてもよく、今や失う日を想像するのがこわい……。それがこのへら。「15〜16年前、カタログギフトでホットプレートをもらったんですよ。それに付属していたへらなんです。本体はとっくに手放してしまったんですが、これだけは残って。薄さ、しなり具合、どれをとってもすごくよくて。同じようなものは、探しても見つからない。めちゃくちゃ大事にしています」

やたらと柄の長い
木べら

コウケンテツさん

長さは44㎝。それなのに、かき混ぜる部分が異様に小さくて丸い、なんともアンバランスなサイズ感の木べら。これは、何かの企画でかっぱ橋へ行ったときに、栗原はるみさんに買ってもらった思い出の品。業務用の道具を扱うお店にあったので、おそらく寸胴鍋の煮込み用か何かかと……。「これで炒め物をすると、柄が長いので油はねがなく、もう手放せません。100円とか200円とかで、コスパの高さでいったらこれが一番！」

爆安屋で見つけた
レトロな鍋

按田優子さん

神奈川県の三浦にあるリサイクルショップ「爆安屋」。按田さんはその店にしょっちゅう出入りしては、掘り出し物を見つけるのが楽しみのひとつ。家にたくさんあるレトロな器や鍋は、ほとんどこの店で、激安価格で手に入れたもの。「元はいい値段のものが、ただ同然で売っているんです！　基本的には、単一素材の鍋が好きですが、いい品物が安いから、つい買ってしまって。もう一度使ってあげたいという気持ちになります」

一目惚れした木工作家の
プレートスタンド

おさだゆかりさん

北欧への買い付けを始めて少したった頃、以前何度か滞在した手工芸学校併設のショップで出合ったもの。木製で高台がついていて、どっしりとした存在感と独自のデザインに惹かれ、「これは！」と即購入。それが、木工職人のオーラさん（ｐ.１３８）の作品との出合いでした。「今では買い付けのたびに工房を訪問。近くに住む、シラカバかごの作り手さんのところへも毎回連れて行ってもらうほどの間柄になりました」

初めての北欧旅で見つけた
かご

おさだゆかりさん

プライベートで初めて訪れた２０００年に購入。今はもうなくなってしまった、手工芸品を扱うお店で。「このような、シラカバの樹皮を斜めに編んだかごは、北欧ではポピュラーな存在。実は東京で小さなサイズは手に入れていて、『ぜひ、現地で大きなものを』と思っていました。縁をかがるのに使われているのは、松の根っこ。元はもう少し薄いブラウンでしたが、年を経るごとに、色が濃くなり表情も変わっていくのがかごの魅力です」

デザイン　高橋朱里（マルサンカク）
撮影　馬場わかな
取材・文　福山雅美
（p.8〜73、p.118〜141、
p.143）
校正　安久都淳子
DTP制作　天龍社
編集　広谷綾子

人生が変わる台所道具
私を助ける小さな働きもの

2024年1月20日　第1刷発行

発行者　木下春雄
発行所　一般社団法人 家の光協会
〒162-8448　東京都新宿区市谷船河原町11
電話 03-3266-9029（販売）
03-3266-9028（編集）
振替 00150-1-4724
印刷・製本　図書印刷株式会社

ISBN978-4-259-56784-2　C0077